展望

ZHAN WANG

——

五大新动能

上海交通大学出版社
SHANGHAI JIAO TONG UNIVERSITY PRESS

内容提要

埃森哲认为，企业要想在未来十年保持领先地位，必须洞烛机先、未雨绸缪。从企业全面重塑、人才塑造、可持续发展、元宇宙以及不断演进的技术革命入手，全面把握五大新动能，迈入新征程，加速向高质量发展转型。

本书可供企业管理人员参考、阅读。

图书在版编目（CIP）数据

五大新动能 / 埃森哲中国编. —— 上海：上海交通
大学出版社，2023.3
    ISBN 978-7-313-28340-5

    I. ①五… II. ①埃… III. ① 企业管理 IV.
① F272

    中国国家版本馆CIP数据核字（2023）第030158号

五大新动能
WU DA XIN DONGNENG

编　　者：埃森哲中国
出版发行：上海交通大学出版社
邮政编码：200030
印　　制：上海锦佳印刷有限公司
开　　本：787mm×1092mm 1/16
字　　数：166千字
版　　次：2023年3月第1版
书　　号：ISBN 978-7-313-28340-5
定　　价：50.00元

地　　址：上海市番禺路951号
电　　话：021-64071208

经　　销：全国新华书店
印　　张：6.25

印　　次：2023年3月第1次印刷

畅享数字化"悦"读体验，即刻扫码
阅读全新《展望》

《展望》微信小程序

《展望》主页

明者远见于未萌

大地回春，暖意渐浓。春天的开始也意味着我们又站在了新的起跑线上——中国经济迈入新征程，加速向高质量发展转型。在这一进程中，"稳"字的重要性更为凸显。从企业层面来说，想要"稳中求进"，就必须在各种不确定性中扛得住风浪，经得起考验，看清大趋势，下好"先手棋"。

"明者远见于未萌，智者避危于无形。"明者智者皆讲究顺时而动、顺势而为，他们善于根据大环境的变化提前判断大方向、大趋势、大格局，形成自己的洞见、远见和预见，高瞻远瞩，鉴往知来，深谋远虑，提前布局。

接下来十年，企业的增长点会在哪里？埃森哲认为，未来十年，想要保持领先地位，企业就必须洞烛机先、未雨绸缪，把握五大新动能。

(1) 企业全面重塑： 过去三年来，面对疫情所带来的资金流、供应链、客户服务等诸多挑战，很多企业都迫切希望提升"企业韧性"。打造"企业韧性"并非一朝一夕之功，而需厚积薄发，通过企业全面重塑来实现。其中，最重要的一步是构建数字底座，有了数字底座，企业才能借助云、数据和人工智能等技术，不断加速增长、优化运营。目前，我们仍处于企业全面重塑的起步阶段，前路尚远，未来可期，要充分挖掘数字底座的潜力，企业任重道远。

(2) 人才塑造： 人才是企业的核心资产。企业重塑的本质是人的重塑，小到员工的行为，大到高管层的视野、愿景和思维方式，企业必须面向未来培养创新复合型人才。企业还应深入思考如何获得人才、如何充分激发员工活力、如何全面释放员工潜能，营造以结果为导向的高效企业文化。

(3) 可持续发展： 当前，可持续议题已成为全球共识。企业的全面重塑不仅要有良好的业绩表现，也需要实现可持续发展。在中国，随着碳达峰、碳中和进程向纵深迈进，越来越多的企业将可持续纳入企业经营的核心议程。企业不仅要实现提质增效，还要把商业和社会价值有机结合，摸索出新的业务模式，从而找到第二增长曲线。对于埃森哲来说，可持续发展不是一个新话题：早在2008年，埃森哲就在全球设立了跨行业的可持续服务业务；2013年，我们提出"商业全面数字化"；2021年，进一步提出

埃森哲全球副总裁
大中华区主席

朱 虹

"可持续是新的数字化"。数字化转型和可持续发展是当下企业面临的两项最重要使命,它们是企业的"一把手"工程,也是企业应对波动和不确定性、铸造韧性、夯实竞争力的核心议题。

(4) 元宇宙: 元宇宙是数字经济的前瞻领域。埃森哲调研发现,93%的企业高管认为,元宇宙在企业未来发展计划中至关重要,88%的企业高管已经开始筹划在未来三年对元宇宙进行投资。元宇宙的发展是建立在技术进步的基础之上的。未来十年,互联网将走向何处?回溯21世纪初,人类开启了以读取信息为主要目的的Web 1.0时代,数据为王,搜索引擎自然成为杀手级应用;2010年之后,我们迎来了Web 2.0时代,移动互联网、社交、云成为主流,正是因为准确预判了数字化浪潮的到来,埃森哲在过去十年得以实现快速增长;而今,Web 3.0时代已经到来,它将通过虚实融合的技术创新对企业打造客户体验、产品研发和制造、生产供应以及管理运营等方方面面产生深远的影响,带来无限的想象空间。

(5) 不断演进的技术革命: 技术的发展永不停歇,并呈现出指数级增长的趋势。不断演进的技术革命将促使企业重新构想它们在下一轮发展浪潮中的角色,也会让企业重新思考要如何通过创新方式和客户、合作伙伴及数字化的员工建立连接。在如今这个瞬息万变的世界之中,做一个追随者远远不够,企业需要把握先机、引领行业发展。埃森哲一直在践行这一理念,我们在云、数字化、工业X、元宇宙等领域提前布局,深耕细作,傲视同侪。

在本辑《展望》中,我们将围绕数字化转型、技术可持续、AI成熟度等话题与您分享埃森哲最新的前沿思想。新的起点,新的奋斗。在新的一年,我国经济企稳回升,"两会"提出5%左右的经济增长目标,我们相信那些有格局、有远见的企业,必将看清前路、稳健远行。

目录

数字转型伙伴说

"2022·'鼎革奖'数字化转型先锋榜"由《哈佛商业评论》中文版、思爱普（SAP）公司联合举办，清华大学全球产业研究院提供学术支持。2022年度评选以"发现·新型中国企业"为主题，甄选出了以数字化技术践行新发展理念的核心力量，一批象征中国数字化转型"加速度"的企业。

以下企业经埃森哲推荐，凭借业界领先的数字化水平和创新能力从200余家企业中脱颖而出，均获得2022年"鼎革奖"。

（获奖案例分享按公司名称拼音首字母排序）

阿里巴巴（中国）有限公司

88碳账户项目

阿里集团的碳中和战略与企业战略及业务深度融合。为实现2030年运营碳中和目标，阿里巴巴ESG开发了碳盘查管理系统（碳寻），对集团碳排进行数字化管理和策略优化。2021年，阿里在中国企业可再生能源购买者中排名第一。阿里云持续改进能源利用效率（PUE），最低可达1.09，并服务广大的企业用户，帮助其在云服务器环节减少85%的碳排放。同时持续对阿里园区及盒马等线下零售场所进行低碳改造。

阿里不仅致力于自身的绿色转型，还开创性地提出了"范围3+碳排"概念，做出"到2035年，带动生态累计减碳15亿吨"的承诺。携手生态伙伴，通过数字技术和商业创新，投身参与者经济，促进生态圈绿色化和数字化的协同发展。为此，阿里集团推出"88碳账户"，以1+N模式引导消费者绿色生活方式转型，目前覆盖淘宝、饿了么、闲鱼、高德、菜鸟等阿里生态的App，助力用户在日常生活中主动参与减碳。此外，阿里还推出了碳排放优化核算平台"能耗宝"，帮助中小企业实时衡量碳排放，通过算法帮助企业优化空调能耗等。

埃森哲作为阿里集团ESG及碳中和战略合作伙伴，支持阿里形成了《2021阿里巴巴碳中和行动报告》，与阿里共创形成《减碳友好行动指南》，并为《2022阿里巴巴环境、社会和治理报告》（ESG报告）提供了输入与参考。

北京生物制品研究所有限责任公司

北京生物新冠分包装产线智能化升级项目

当新冠疫情蔓延全球时，北京生物积极响应国家号召，以保证疫苗生产、支持全球新冠疫情防控为使命。

为应对WHO及欧盟对疫苗质量的一系列要求，北京生物积极投入新冠分包装产线的自动化、数字化和智能化升级。该项目以实现疫苗分包装产线的全流程可视可控、全流程数据可追溯、全产线智能化，以及全生命周期质量管理为目标。短短20个月内，北京生物先后部署了数据采集与监视控制系统（SCADA）、制造执行系统（MES）、智能质量检测系统以及机器人和配套设施，并对网络基础设施进行了升级。项目实施完成后，北京生物新冠疫苗的生产设备联网率由0提升至41.8%，关键工序数控化率由28%升高至68%，全面提升了生产效率。通过大幅度减少人工操作带来的质量风险，北京生物可以确保高质量的疫苗生产，完全满足WHO、欧盟以及疫苗法的要求。

目前，国药疫苗在119个国家地区及国际组织获批准入，覆盖196个国别人群，国内外生产供应超过35亿剂，践行了中国新冠疫苗作为全球公共产品的庄严承诺。

京东方科技集团股份有限公司

京东方财务数字化转型项目

京东方BOE（Best on Earth）始创于1993年，总部位于北京，是一家为信息交互和人类健康提供智慧端口产品和专业服务的物联网公司。其在国内拥有17条半导体显示产线、3个测试中心、2个研发中心，子公司分布在全球20个国家和地区。京东方的财务数字转型项目于2019年下半年启动，该项目旨在建立高效运营、管理创新、赋能业务、价值创造的业财税一体化的财务共享服务中心。通过搭建财务共享服务中心，促进组织优化升级，形成以价值创造为导向的"业务财务+运营财务+战略财务"财务管理架构。该架构下业务财务与业务深度融合；运营财务聚焦高效运营，战略财务深耕专业细分，从全局视角服务集团战略；三个部分各司其职、有机协同，以支撑业务和服务客户为目标，拉动业务增长，为集团创新持续提供动力。

康宝莱（上海）管理有限公司

服务商中心（莱聚 | DH）重构助力销售数字化转型项目

康宝莱是全球领先的营养与生活方式公司，中国是康宝莱的核心战略市场。随着数字化的重要性日益突出，特别是在疫情的影响下，康宝莱在数字化转型领域持续发力，积极引导并培训服务商转换思路，将业务渠道从线下转到线上。2021年10月，在埃森哲的助力下，康宝莱启动了服务商触点重构项目，围绕服务商展业最重要的工具——莱聚（DH）进行一系列改造，驱动服务商进行销售转型和高质量业务发展；同时，更好地赋能服务商为消费者提供更贴心、更精准的营养服务，打造线上线下一体的生态系统。该项目是康宝莱中国数字化转型战略升级的又一重要里程碑。

康师傅控股有限公司

财会业务数智化变革项目

为响应集团整体数字化转型的战略，康师傅总部财会于2017年启动财会业务数智化专案，并邀请埃森哲作为该项目的解决方案及共享运营的合作伙伴。

康师傅财会业务数智化项目是一个从财会端到端流程出发，分阶段实施，融入了技术创新和智能运营的项目。其整合了费控、SAP R3以及智能应付/报销管理平台三大系统，实现了业务、流程、政策的标准化，并基于部门费用及营销费用两大核心职能推进财务共享。

同时，项目自始至终秉承数字化转型理念，坚持运用自动化工具，通过人机结合的方式替代传统烦琐易出错的手工作业，真正实现运营成本优化、服务运营标准化、文档化、可视化。统一实时信息来源，加强了企业内控及合规性管理，并能基于实时数据形成多维度洞见与分析，提供明智决策。

项目在康师傅控股及所有事业部的齐心协力下，成功支持超过6万名员工、170多家控股企业，年消除超500万张纸面文件传递，业务工作量精进约30%，财务工作量精进近70%。

洛阳栾川钼业集团股份有限公司

"千里钼"领航计划（一期）项目

随着洛阳钼业国际化进程的不断加快，集团制定了旨在加强全球企业治理，以便持续赋能海外业务发展的"5233"战略架构。洛阳钼业"千里钼"计划是支撑该战略架构的数字基础设施，以财务和采购为项目一期，打造以SAP ERP为核心的，全球统一的ERP、OA、采购平台、销售平台、费用控制和财务共享的"数智化"底座，实现财务协同、采购协同和技术协同。通过这一项目，洛阳钼业不断推进集团一体化管控，建立全集团主数据的统一数据管理和数据标准，满足全球化、多基地、集团管控型运营模式，提升整体运营效率；实现计划一体化、业财一体化、采冶柔性化、采供精益化、决策数字化；并培养了一批业务关键用户和核心IT等面向未来的企业数字化人才。

联想集团有限公司

方案服务业务集团运营数字化PSD项目

联想集团致力于成为智能化变革时代的引领者和赋能者，推动新业务的快速成长。为此，联想集团启动解决方案再造的系统性变革。首先以面向复杂解决方案的销售与交付流程优化为重点切入点，解决掣肘当前业务发展的难题，配以组织、流程、运营模式、IT系统等支持，持续开展变革管理，保证转型逐步落地成功。

联想为了实现"统一面向客户核心理念"的端到端业务运营模式，对标业内领先实践，打造了"一套销售流程，多个交付通道"的整体业务架构，借助高效的IT系统完成业务场景标准化、业务能力和数字化方案设计，涵盖从商机、合同到售后服务交付等各个业务环节。联想的销售流程从商机创建到合同归档运营效率预计提升20%，立项项目商机转化率预计提升3%~8%。联想"内生外化"发展战略让联想的内部创新从幕后走到台前，加速联想的服务导向转型落地。

宁波博威合金材料股份有限公司

博威数字化研发项目

博威合金怀抱"运用数字技术,引领科技发展,推动时代进步,共享美好未来"的愿景,着力打造数字化研发平台与生态建设。该企业利用大数据分析、计算仿真、数字孪生和数据中台等关键使能技术,通过需求转化、产品设计、应用技术研究、高通量实验、知识重用等模块开展全流程数字化研发。基于该平台,博威合金把产品研发效率提升了35%,新产品开发周期缩短50%,并大大加速了产品进入国际市场的进程。近年来,博威合金完成新材料创新项目50多项,累计获得授权发明专利250余项,并有多项国内外专利正在申报和审批。在此基础上,博威合金充分利用数字化技术,持续为客户提供系统性解决方案,包括智能选材、服役仿真、数据资产、检测服务等支持。同时,博威合金还为有色合金行业科研人员建设可共享共创的新材料研发生态圈,协同产业链上下游,推动产业升级与科技进步。

深圳市城市交通规划设计研究中心股份有限公司

支撑智慧交通业务规模化转型的LTC和产品组合再造项目

深城交作为全国首家兼具交通行业专家经验与IT能力的科技型上市企业,围绕管理体系数字化、生产方式数字化,持续开展数字化转型和创新突破。

管理体系数字化:依托LTC流程再造,打造了全新数字化LTC运营管理体系,面向生产端拉通生产赋能平台、智慧业务平台及生态赋能平台,全面升级CRM、商机线索管理系统,大幅提升商机储备、转化率及管理精细度,全年商机储备大幅增加,2021年相较于2020年新签合同额增长26.5%、数字化业务新签合同额同比增长73%;面向管理端升级项目管理系统、业财一体化+供应链管理系统、人才资源池管理系统,综合提升管理效率及人均产值,突破传统规划咨询行业人效瓶颈,业务实现规模增长,2021年净资产收益率为22%,显著领先于科技型同行上市公司。

生产方式数字化:为沉淀项目交付过程中形成的信息化工具、模板、算法等数字资产,自主研发"深研云"平台,作为咨询服务工具平台,汇聚成果展示、数据共享底座、生产辅助工具和知识积累等功能,并通过可视化、可交互的交付形式,推动形成多样化的资产沉淀与可复用的呈现载体,实现研发、销售、交付等组织能力大幅提升。

埃森哲作为咨询服务专家参与交通中心的"支撑智慧交通业务规模化转型的LTC和产品组合再造项目",提供了专业的运营模式优化、业务流程再造、管理制度优化等服务。帮助交通中心打造解决方案中"人机协作"的理念,对交通中心有很大启发;流程体系也夯实了目前管理的骨架。

迈向2030：
以韧性成就增长，
共铸可持续未来

文 彭莱、哈亿辉、张逊

提要：迄今最大规模的联合国全球契约组织和埃森哲联合进行的CEO调研揭示，面对前所未有的不确定性，CEO们已经达成共识，以可持续为核心的企业战略和商业模式不仅是应对气候变化的必要条件，还是实现安全、增长和韧性发展的基础。

近年来，企业经营处于前所未有的波动环境，变化和颠覆似乎成为常态。2023年世界经济论坛年会期间，联合国全球契约组织和埃森哲联合发布的CEO调研报告揭示，绝大多数（93%）受访企业CEO表示正遭受至少十项挑战的影响（见图一）。面对如此之多的挑战和未来的高度不确定性，CEO们有些不知所措，超过九成（91%）受访CEO坦承，诸多挑战和不确定性大大牵制了企业构建韧性组织、实现联合国2030年可持续发展目标的步伐。

图一 93%的受访CEO表示所在企业正面对十项以上的业务挑战

问题：以下全球性挑战目前正以何种程度影响贵企业？

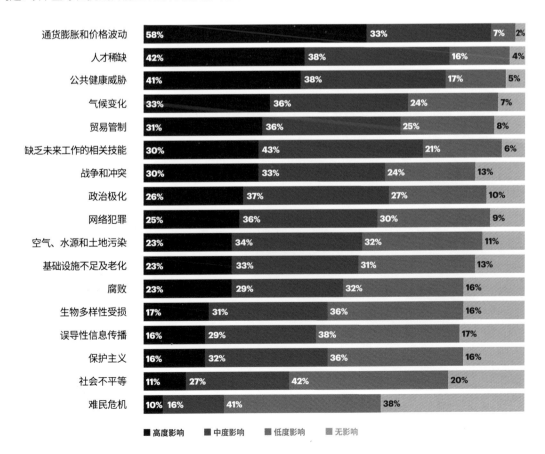

令人欣慰的是,绝大多数(92%)受访CEO仍然坚信能够在2030年前实现联合国可持续发展目标,并充分认识到自己在这一过程中所扮演的重要角色。例如,41%的受访CEO认为企业已在实现可持续发展目标方面发挥关键作用;不过也有51%的受访CEO指出,企业必须加强承诺及行动,方能做出重要贡献。

同时受访CEO们也强调,推进可持续议程需要多方合力。企业管理者期待政府出台支持举措,特别是加强对长期发展事项的关注,针对复杂的全球性挑战落实长远解决方案。

毋庸置疑,面对当下挑战的多样性和复杂性,以往的解决方案已无力开启未来之门。CEO们需要开辟新的道路,制定实现企业可持续目标的全新路线图。要义在于,将可持续真正融入企业业务发展和经营管理的各个节点,打造更加公平、公正和可持续的世界,正如联合国可持续发展目标为我们描绘的那样。

韧性的核心:可持续发展

可持续已迅速成为企业韧性的核心,也自然成为CEO议程的重中之重。十年前的相同调研中,认同企业对可持续发展绩效负有责任的受访CEO比例约八成(83%),时至今日,这一比例已达到98%(见图二)。与此同时我们看到,改变的不仅仅是数据,更是认同度:2013年,仅有19%的受访CEO强烈认同他们应负责本企业的可持续发展绩效,而这一比例当前已跃升至72%。

可持续为企业打开了一条韧性的发展路径——既可免受不确定性的负面影响,又为企业带来新的发展机遇。我们的调研也显示,63%的受访CEO正在推出新的可持续产品或服务(见图三)。其中,通信和媒体(75%)、金融服务(74%)和旅游(74%)行业的CEO们在这场竞赛中处于领先位置。

图二 在近十年的研究中,越来越多的CEO们认同其使命是让企业更加可持续地发展

问题: 您认为以下哪一项属于CEO的使命?

83% 2013年 作为CEO,我对企业的可持续发展绩效负责

+15%

98% 2022年 使企业更加可持续地发展是CEO的使命

图三 CEO们正在优先考虑开展可持续行动，以构建企业韧性

问题：为了应对前述挑战，您在企业中进行了哪些变革？

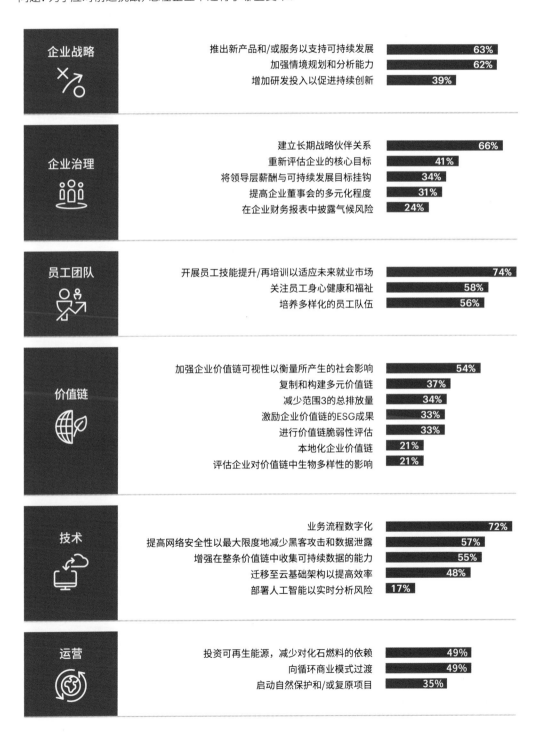

企业战略		
推出新产品和/或服务以支持可持续发展	63%
加强情境规划和分析能力	62%
增加研发投入以促进持续创新	39%

企业治理	
建立长期战略伙伴关系	66%
重新评估企业的核心目标	41%
将领导层薪酬与可持续发展目标挂钩	34%
提高企业董事会的多元化程度	31%
在企业财务报表中披露气候风险	24%

员工团队	
开展员工技能提升/再培训以适应未来就业市场	74%
关注员工身心健康和福祉	58%
培养多样化的员工队伍	56%

价值链	
加强企业价值链可视性以衡量所产生的社会影响	54%
复制和构建多元价值链	37%
减少范围3的总排放量	34%
激励企业价值链的ESG成果	33%
进行价值链脆弱性评估	33%
本地化企业价值链	21%
评估企业对价值链中生物多样性的影响	21%

技术	
业务流程数字化	72%
提高网络安全性以最大限度地减少黑客攻击和数据泄露	57%
增强在整条价值链中收集可持续数据的能力	55%
迁移至云基础架构以提高效率	48%
部署人工智能以实时分析风险	17%

运营	
投资可再生能源，减少对化石燃料的依赖	49%
向循环商业模式过渡	49%
启动自然保护和/或复原项目	35%

构建强韧、可持续的供应链

供应链的重要性对企业来说不言而喻。然而气候变化、全球疫情和地缘冲突等因素交织，给企业供应链的运营带来严重影响。本次调研也显示，近两成（17%）受访CEO表示供应链中断对自身业务的影响最为显著。

为了更有效地建立供应链韧性，企业领导者正在探索改善全球布局，以及向区域供应转变的可能性。约四分之一（21%）的受访CEO正转向本地化，而在延续全球化供应链运作方式的CEO中，有37%正通过复制和构建多样化供应链打造韧性。

无论是选择全球模式，还是本地模式，除了改善供应链的智能可视，[1] CEO们在完善供应链时都优先考虑可持续发展，近一半（47%）的受访CEO表示，建立负责任的供应链是其可持续战略的组成部分。更有领先企业将循环性纳入供应链，以进行彻底变革。近半数（49%）受访CEO正在通过向循环业务模式过渡以建立韧性，这一比例以化工行业为最高（64%）。CEO将供应链循环性视为"护栏"，以对抗市场和地缘政治波动，并主动化解资源可用性风险。通过重新利用现有产品中的材料，企业可以降低材料成本，削减资源开采对环境的负面影响，并保持对供应链的更强控制。

培养面向未来的员工

员工团队是建立韧性的重要杠杆，所有业务都必须依靠员工推动。企业普遍面临人才危机，该情况甚至会影响到企业的运营能力。这也是为什么高达96%的受访CEO认为人才稀缺在17项全球挑战中排名第二（见图一）。此外，94%的受访者认为，缺乏具备未来工作技能的员工也影响了企业的韧性，91%则表示欠缺可持续发展人才。

CEO们正在借助以价值观为导向的文化力量，培育更强大的员工团队。他们普遍认识到建设与企业价值观一致且能引起员工强烈认同的企业文化，有助于企业吸纳和挽留人才，构建韧性，并使员工做出符合企业利益的决策，从而提升组织运营的有效性。

确保可持续理念植入企业文化和组织建设，既是增强韧性的关键，又能使企业更好地适应未来挑战。高瞻远瞩的CEO正将可持续融入企业的DNA，并通过设立目标和切实行动强化这一理念。例如，为了确保对可持续发展目标的落实，34%的受访企业将领导层薪酬与可持续发展目标挂钩。

多元化员工团队则是创新型企业的重要标志。近六成（56%）受访CEO正在提升企业员工的多样性以增强韧性。培养一支多样化的员工队伍，更有可能孵化出有意义的创新，吸引更强大的人才，从而增强企业的应变能力。

CEO们同样高度重视用技能武装员工，以此建设长期韧性。在CEO们为建立韧性而采取的诸多行动中，最重要的一项便是，面向未来的劳动力市场提高员工团队技能或开展技能再培训（75%），57%的受访CEO将技能发展列入三大可持续优先事项。同时，为了应对不断变化的环境，CEO们正在加大对公平转型的投入，在确保就业岗位净增加的同时，改善环境、减少社会不平等现象并提高工作质量。

技术加持，生态共荣

CEO们已经开始通过注入可持续性来强化企业韧性。尽管CEO们已在数据管理、情景规划和筹措准备等方面取得进展，然而，这些工具和技术的采用速度还需要大幅提升。87%的受访CEO表示，他们需要更强大的情境规划与分析工具。

另一项阻碍则在于技术的广泛应用。超过九成（91%）的受访CEO表示，技术解决方案不足以影响

---

1. 参见本辑封面专题文章《智能可视，构建供应链韧性》，第56页。

了他们在业务中构建韧性。CEO也表示，即便他们拥有所需工具，但仍欠缺规模化部署这些工具所需的资金或专业人才。

许多CEO在核心技术行动方面取得了长足进步，但大多数企业尚未开启转型步伐。近四分之三（72%）的受访CEO正在完成业务流程的数字化——这是强有力的第一步；不过只有17%的受访者在部署人工智能来进行实时风险分析，48%的受访者正向云基础架构迁移以提高效率。为了弥合当前的技术差距，绝大多数受访CEO（88%）表示需要加大研发力度以增强技术创新，实现更高的韧性，40%的受访CEO表示增加了针对可持续创新的研发资金。

同样，CEO们还必须充分挖掘生态系统的力量。广泛的生态系统合作将促进开放式创新，释放前所未有的价值，并加快达成可持续发展目标的进度。87%的受访CEO表示，他们需要展开更透明的对话，真正了解利益相关方的需求。为了鼓励公开分享洞见，一些CEO正积极加入各种国际合作机构——团结一致，是全人类在可持续议题取得进展的唯一通途。

可持续发展是建立企业韧性并开启新一轮机遇的关键。基于2600多位CEO的深刻洞察，我们看到对可持续目标做出雄心勃勃的承诺只是迈向2030目标的第一步。现在，我们必须关注如何实现目标，在应对一系列复杂挑战的同时打造长期韧性。正如图四所示，CEO们应当在企业战略、组织、供应链和生态合作等领域建立全方面的保障，以构建真正的韧性企业，向2030年坚实迈进。

彭莱
埃森哲全球可持续发展业务主管兼首席企业责任官

哈亿辉
埃森哲大中华区战略与咨询总裁

张逊
埃森哲大中华区战略与咨询董事总经理、可持续发展业务主管

业务垂询：accenture.direct.apc@accenture.com

图四 企业如何打造长期韧性

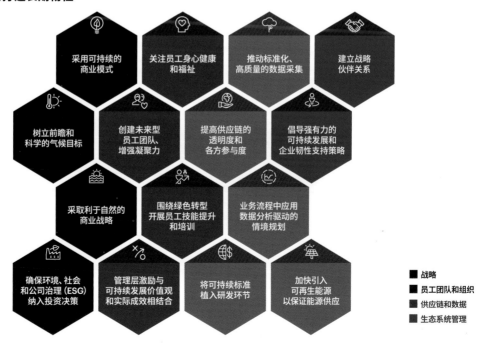

战略
员工团队和组织
供应链和数据
生态系统管理

新增长"探路者"

——港华集团名气家副总裁刘钊彦专访

访 杨越非、陈伟珍、陈瑾

文 陈双、吴津

随着油气体制深化改革的加速推进，中国天然气市场逐步向多元化格局转变，中国城燃企业在传统业务发展上面临更大的挑战，企业收入增长和盈利空间承压。"双碳"战略的提出，更是让能源企业压力倍增，开展"绿色"可持续业务内驱力更强。如何探索"第二增长曲线"，如何利用数字技术为燃气行业的增长带来新动能，这些都是传统城燃企业亟须考虑并着手应对的问题。

港华集团作为香港中华煤气在内地投资及营运管理的业务组合，多年来深耕内地燃气市场并相继发展水务及环境、可再生能源和延伸业务，服务遍及全国28个省市区。名气家是港华集团负责统筹内地延伸业务板块的平台公司，自2015年成立以来，承载港华集团在燃气主业基础上延伸业务的重任。本辑《展望》，我们采访了港华集团名气家副总裁刘钊彦女士，与她一起畅谈传统城燃企业如何探寻未来的第二增长曲线，以及数字化如何赋能能源企业的全面重塑与可持续发展。

《展望》：港华集团成立名气家发展延伸业务的初衷是什么？名气家目前的业务范围涉及哪些？

刘钊彦：港华集团成立名气家主要有两方面考虑。一方面，为了更好地适应宏观环境的挑战，顺应国家加快推进油气体制改革的战略，港华集团主动寻求第二增长曲线，探索新的商业模式，同时为用户创造更多价值。在港华集团内部我们通常说"延伸业务"，燃气行业内其他企业有的叫增值业务或新零售，表达的是类似的含义，但结合企业的战略，每家企业覆盖的业务种类或范围结合企业的战略有些差异。

另一方面，从企业自身来说，我们也具备发展延伸业务的先天条件。截至2022年底，港华集团为3700万家庭燃气用户提供服务，这是我们拓展延伸业务的基础；此外，无论是中华煤气还是港华集团，成立一百多年以来，我们在安全、服务等方面有口皆碑，深得用户信赖。

我们希望以燃气、水务等公用事业服务为出发点，立足家庭生活场景，为集团在主营业务之外寻找新的利润增长点。目前名气家的主要业务范围涵盖智慧厨房场景下的燃气具、厨房电器、采暖净水、整体橱柜等销售及服务，同时积极探索社区零售新模式，为用户提供更高频的健康商品，到家服务，门店体验等。

《展望》：与其他零售服务企业相比，名气家的"差异化服务"有哪些？

刘钊彦：名气家曾经做过燃气用户调研，发现用户的主要痛点在于如何围绕家庭场景筛选出真正优质的产品及售后服务。

因此，与其他零售服务企业相比，我们的差异化主要体现在三个方面。第一，名气家传承了中华煤气、港华集团优秀的上门服务和管理能力，触达用户的渠道和场景是我们独有的优势，我们可以借助这一优势与用户建立紧密的联系；第二，燃气企业具有公共事业属性，对用户提供服务的年限以20年起步，所以我们有机会长期为用户提供优质的服务，赢得用户的信任；第三，借助数字化技术，我们可以通过大数据分析和AI等为用户提供精准的个性化推荐。

另外，我们已经建立三大场景，与用户保持紧密联系，并覆盖线上、线下多个渠道。

第一个场景是燃气公司的传统服务渠道，包括热线电话、上门抄表、安全检查等服务以及网格化的社群燃气管家等，我们可以直接触达用户，在做好燃气服务的同时，为他们推荐延伸服务和产品。

第二个场景将原先的燃气客户中心升级为"时刻家"社区门店。除了涵盖基础燃气业务，我们也划定健康产品体验区、儿童游乐区、烹饪教学区等，门店人员可以在轻松的环境中与用户互动，并积极转化销售。例如，在健康咨询区，我们配有专业的营养师，可以针对用户的需求进行个性化的产品推荐。截至2022年底，已有67家"时刻家"社区门店为用户提供专业服务。

第三个场景是数媒矩阵，名气家通过抖音、小红书、视频号等吸引公域流量，同时在微信公众号、小程序等渠道吸引私域流量。我们建有企业微信群，结合燃气服务的内容，与用户保持沟通交流，在合适的时机，再将这些用户转到更为细分的健康群或者相关产品群，进一步分层私域。

《展望》：名气家在持续提供"差异化服务"的过程中，遇到了哪些挑战？

刘钊彦：从我的角度看，挑战之一是在延伸业务发展战略实际落地过程中是否能达到预期效果；挑战之二则是团队能力是否跟得上我们的想法。

市场化产品或业务模式的验证，需要一定的周期。名气家着力打造的"时刻助手"数字化平台，是一款供服务人员使用的作业App，包含基础数据以及标签信息，可以帮助燃气服务人员与用户进行有针对性的沟通，并与用户建立更紧密的联系。目前"时刻助手"已经在一些地区试运营，实际用户体验如何、是否能达到预期效果，还需要时间验证。

市场产品同质化背景下，如何提供满足消费者需求的产品。我们想要的"差异化产品"，不能是随处可见的。如何保证这些"小众"产品在合适的时机出现在用户面前，并能做好供应链及售后支持，这些都是我们需要解决的问题。当然，如何吸引用户从各大电商平台转移到名气家，并培养用户的忠诚度，也是颇具挑战性的。

如何做好客户的高品质运营，对管理能力要求很高。燃气业务已经进行了网格化管理，抄表员也建立了企业微信用户群，提升上门速度及上门时间灵活性。但如何运营好这些企微群，如何保证传递的内容质量、筛选合适的入群用户及用户入群后的管理，如何做好产品或服务推荐，如何更高效、高品质地运营，以提升社群的活跃度和留存率，这些对我们来说都是挑战。

名气家"美家"智慧橱柜展厅

延伸业务的落地，离不开整体业务团队能力的提升。让传统燃气服务人员转型做延伸业务，也绝非易事。公司需要整合内部资源，同时改变员工的固有思维模式，借助市场化的激励方式，使他们主动去适应新的变化，拓展服务边界。所以，对管理者来说，对外如何寻找具备做延伸业务能力的人才，对内如何培养员工拓展延伸业务的能力，都是我们面临的挑战。

> 企业转型很重要的一点就是：想法要变，行动要快。
>
> ——刘钊彦

名气家"时刻家"社区旗舰店

《展望》：用户的消费观念和消费习惯不断变化，您认为燃气企业有哪些新思路、新打法，可以更好地适应这些变化，为用户体验创造全新的价值，赋能传统业务的转型升级？

刘钊彦：新时代的消费者比以往更注重体验。名气家正在为港华集团规划300家客户中心的转型升级。这些客户中心覆盖周边多个社区，除了提供传统的燃气类服务，还会针对用户的需求创造新的业务模式和商业价值。我们会根据不同社区的情况，个性化设计门店的产品和服务内容，包括智慧家居、健康咨询、绿色食品、亲子厨房、到家服务等，争取为用户带来最佳的产品和服务体验，希望借助线下的良好体验，提升线上的成交量和复购率。

"以客户为中心"是当前各个企业都在力推的主张，但在业务开展过程中是否得到了真正的落实，企业则需要认真审视。加入港华集团前，我曾在深圳燃气工作多年，主导深燃持续六年的数字化转型工作，全程参与和见证了传统燃气企业如何借助业务模式的创新和数字化的手段，为用户持续提升优质服务和安全供气，同时也使得传统企业的管理能力获得

质的飞跃，这些数字化实践的成果也获得多项国家级和省市级的认可。

因此，只要紧紧围绕用户价值及用户体验，积极利用数字化手段为业务或管理赋能，传统企业转型就肯定可以实现的。

《展望》：对于大力发展延伸业务，名气家不同场景下的设想是什么呢？

刘钊彦：经过长时间的讨论，我们确定了聚焦智慧厨房场景、扎根社区、按照用户经营的模式，将原来低频的燃气服务与高频的产品和服务相结合，提升用户黏性，从而支撑延伸业务的可持续发展。

我们所说的智慧厨房场景，是指与燃气供应紧密相关的一些产品和服务，例如，智慧厨房的燃气具、智能报警器、智能燃气表等，延展到与厨房场景高度

名气家"时刻家"社区旗舰店

相关的厨房电器、橱柜、净水、采暖产品及工程服务等。我们还可以依托定期燃气安全检查等上门服务推荐相关产品或服务。

但是这些产品或服务相对低频，我们还需要借助用户在厨房场景下需要的米面粮油等高频产品，增加与用户的互动。未来，名气家可以依托300家客户中心以及全年约1亿人次的触点，为用户提供健康产品选择、营养膳食咨询等健康饮食服务。名气家计划从外部引入更多合作伙伴，比如营养、健康管理的KOL（关键意见领袖），为用户提供线上线下的咨询和服务。我们希望通过这些举措，拓宽我们的渠道、增强我们的影响力。

心怀梦想，脚踏实地，深耕社区生态圈。不管是智慧厨房场景，还是高频的产品服务，都要扎根社区，做好用户经营。我们未来会继续将业务线延伸和扩展到更广泛的应用场景中去，打造社区绿色低碳服务生态圈。

> "
> **企业只有厘清赛道、确定发展方向，才能进一步深化未来发展的内容。**
>
> ——刘钊彦

《展望》：您曾经在国际燃气联盟（IGU）有多年的任职经历，与全球领先的燃气企业有着深入的交流，对燃气行业的数字转型也有丰富的洞察。结合名气家自身的转型实践，您如何看待数字化组织、数字化人才和数字化领导力的作用？名气家又是如何规划未来数字化发展战略的？

刘钊彦：是的，国际燃气联盟（IGU）覆盖了全球90%以上的燃气行业参与者，我曾在其中的市场委员会先后担任副主席和主席，在七年任期里，通过每年的国际会议、学术论坛、行业展会、论文甄选,以及每三年一次的世界燃气大会(WGC),与众多国际燃气同行保持深度的交流。应该说,我国燃气企业在数字化组织、数字化人才和数字化领导力方面与国际先进水平相比还有较大差距,数字化转型还有很大的发展空间,我们需要夯实数字能力,跟上我们的发展战略。

目前名气家正在大力开展数字化组织及人才的融合。原来港华集团有客服系统(TCIS)以及网上客户中心系统(VCC),这两个系统在某种程度上"各自为政",数据只是通过集成实现有限的互通。2022年集团把TCIS划入名气家统筹,我们马上着手将两大系统中与用户相关的功能融合升级,赋能全国一百多家港华燃气公司,使他们在更好地为用户提供燃气服务时,还能拓展延伸业务,同时节省系统维护成本。此外,名气家提出名气家智慧生活平台(TLC)全面升级计划,进一步为延伸业务赋能。这就对名气家乃至港华集团的团队在保持团队活力,提升团队效能的基础上,提升数字化组织、数字化人才能力甚至数字化领导力,以支撑集团数字化转型的发展提出了更高的要求。

我认为,数字化发展战略是支撑企业整体战略落地的重要组成部分。谈到未来3~5年名气家数字化的战略规划,它不是一成不变的,数字化发展战略是为了支撑业务战略的落地而服务的。名气家已经明确有几项业务是未来要继续大力发展的,包括:燃气具业务,不局限于目前港华的自有品牌,我们还会引入其他的产品、品牌和合作伙伴,最终向智慧厨房整体解决方案转型;社区零售业务,利用门店和社区用户触点优势,聚焦品类,借助私域运营,拓展新业务场景,增强用户黏性。

为了进一步支撑业务发展,我们会继续夯实名气家在物联网、大数据及云平台等数字能力。比如物联网平台(IOT),可以按需上传用气表具数据,根据用户使用燃气的时间段以及使用量判断用户的家庭结构及用气习惯等,灵活安排上门抄表时间,并利用大数据分析及AI技术,提供精准的产品推荐;此外,我们还与合作伙伴共同研发了安全芯片"港华芯",目前已在智能燃气表计中运用,未来我们也希望将"港华芯"扩展到智能厨房、智能家电等应用场景中去。

> "
> **数字化转型还有很大空间,我们需要夯实数字能力,跟上我们的发展战略。**
>
> ——刘钊彦

采访后记

企业想要融入数字经济时代,转型势在必行。对于传统能源企业来说,转型似乎是一件更难的事。考虑到这个行业的特点以及当今越来越重要的绿色发展使命,如何让一个庞大的组织步履坚定,走好转型的每一步,领导层必须运筹帷幄、深思熟虑。

作为港华集团探寻第二增长曲线的"探路者",名气家发展过程中面临很多挑战,但也正如刘总所说,即便前方道路崎岖艰险,也不要固步自封,裹足不前,只要方向确定,就要勇敢地迈出第一步,这样我们才会更接近成功。✎

杨越非
埃森哲商业研究院研究总监

陈伟珍
埃森哲大中华区资源事业部总监

陈瑾
埃森哲大中华区市场营销部经理

业务垂询:accenture.direct.apc@accenture.com

数字化转型：
可持续的进化历程

文 邓玲、宋涵、邱静

提要： 埃森哲连续五年通过数字化转型指数追踪中国企业转型进程。结合领军企业呈现的四大差异化特征及埃森哲扎根中国30多年服务本土企业的跨行业经验，在最新的报告中，埃森哲首次推出数字企业进化图，帮助企业找准定位，明确进阶要务。

在 全球经济复杂性、不确定性增大的背景下，中国经济的稳定运行受到冲击，爬坡过坎的难度加大。

根据国际货币基金组织2022年10月发布的数据，全球经济活动普遍放缓且比预期更为严重，各国面临生活成本危机。从国内来看，需求收缩、供给冲击、预期转弱三重压力犹存（见图一）。

图一 全球经济面临高度不确定性和复杂性

GDP增速（2016—2025年，%）

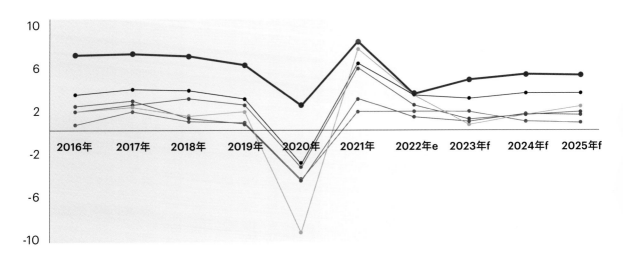

注：美、中、日、德、英为GDP体量最大的5个国家（2021年数据）。
数据来源：国际货币基金组织。

高度不确定的经营环境凸显数字化的重要性，同时要求企业投资决策更加审慎严格

面对愈发复杂的挑战，数字化已成为应对变化的"必选项"，中国企业对数字化投资的意愿持续提升。本次调研显示，近六成企业表示未来1~2年将加大数字化投资力度，其中计划大幅增加（15%以上）的企业占比为33%，同比增加11%（见图二）。

敢投资还需精管理。面对环境约束，尽管企业希望借助数字化以应对变化，但也心存顾虑，期待"一分耕耘一分回报"，中国企业对转型的投资管理更加精细化，转型策略趋于务实。八成企业关注数字化项目的直接财务回报，同比上升了28%（见图三）。这些企业希望通过数字化的"精耕细作"，在不确定的大环境中获得确定的"看得见"的回报。

图二 六成中国企业计划加码数字化投资

未来1~2年数字化投资意向（企业占比，%）

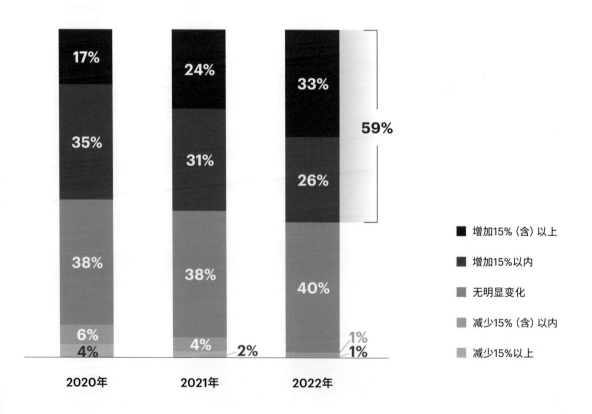

图例：
- ■ 增加15%（含）以上
- ■ 增加15%以内
- ■ 无明显变化
- ■ 减少15%（含）以内
- ■ 减少15%以上

数据来源：埃森哲商业研究院。

图三 敢投资还需精管理：关注直接投资回报的企业比例大幅上升

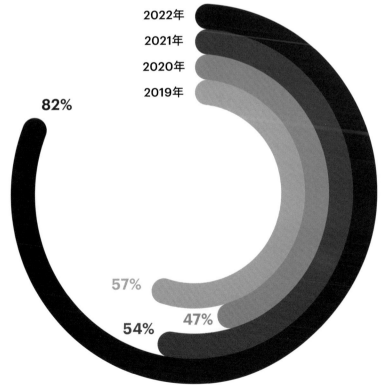

2022年
2021年
2020年
2019年

82%

57%

47%

54%

数据来源：埃森哲商业研究院。

埃森哲中国企业数字化转型指数

　　基于对转型领军者数字化能力的洞察，埃森哲开发了中国企业数字化转型指数。该指数对企业的数字化成熟度进行全面的扫描和评估，描绘各行业在数字能力构建历程中所处的位置，并与转型领军者进行对标。

　　指标体系共有四级，其中四级指标为数据采集项，分值为0~100。数据由下至上逐级加总平均，最终得到数字化转型指数总分。100分代表当前所能预见的最先进状态的数字企业。

数字渠道与营销
- 针对客户个性化需求实现精准营销
- 实现线上线下全方位渠道建设
- 安全保护自身及客户的数据隐私

智能生产与制造
- 运用数字技术实现敏捷开发
- 基于数字平台的合作研发
- 实现智能制造与柔性供应链

智能支持与管控
- 依据业务需要灵活调整职能部门结构
- 搭建基于数据分析的决策体系与管控系统
- 数字化企业信息安全控制
- 构建业财融合的财务管理体系

产品与服务创新
- 对现有产品服务进行数字化改造升级
- 开发智能产品或服务
- 基于用户个性化需求提供定制产品或服务

数字商业模式
- 基于数字平台的商业模式
- 开拓数据变现模式
- 数字商业模式的迭代改进

数字创投与孵化
- 建立内部创投部门推动数字化新业务
- 技术普众，促进内部创新与创业
- 和初创企业合作培育数字化技术

（中心图）主营增长　埃森哲中国企业数字化转型指数　分数：0~100　智能运营　商业创新

注：数字化转型指数的指标体系共有四级。四级指标为数据采集项，分值为0~100。数据由下至上逐级加总平均，最终得到数字化转型指数总分。100分代表当前所能预见的最先进状态的数字企业。

响应外部变化，夯实数据基础、提升全业务效率成为企业关注重点

面对外部压力，大部分中国企业希望加码数字化投资以实现存续和跨越，但对数字化部署的管理却越来越审慎。平稳持续地获得数字化投资回报，成为在2022年不确定的环境下，企业数字化转型的重点与难点。多重因素冲击下，中国企业数字化投资决策出现分化，中国企业的数字化转型指数得分首次下降，显示了更审慎的投资决策（见图四）。

得分的背后，反映了中国企业在不确定的环境下数字化投资重点的调整：夯实数据基础、提升全业务效率成为企业关注重点。从对比数据来看，2022年中国企业在数据变现、协同、分析方面进步明显，而创新、研发等数字化领域进展放缓（见图五）。

图四 2018—2022年数字化转型指数
（分值范围：0~100）

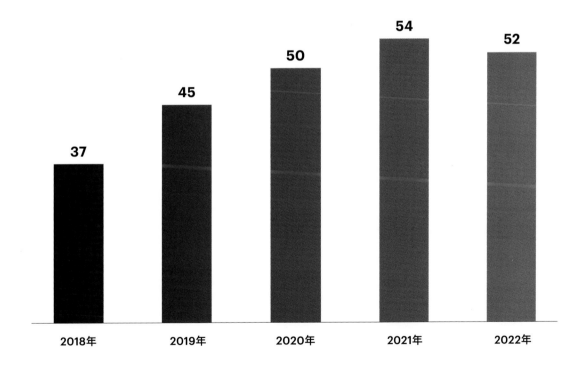

数据来源：埃森哲商业研究院。

图五 中国企业在数据变现、协同、分析方面进步明显，创新、研发等数字化领域进展放缓

2022年 vs 2020年得分上升最明显的三项指标

开拓数据变现模式

16%

实现数据流与业务流程在
各部门间的无缝衔接

14%

搭建基于数据分析的
决策体系与管控系统

13%

2022年 vs 2020年得分下降最明显的三项指标

基于客户个性需求提供
定制化产品或服务

-28%

对产品和服务进行
数字化升级

-12%

打造基于数字平台的
商业模式

-4%

注：数据表示与2020年相比，2022年得分的变动比例。

数据来源：埃森哲商业研究院。

五年来中国企业转型重点动态调整，借助数字化手段提升运营效率成为2022年重点

自2018年首次推出数字化转型指数报告《创新驱动，高质增长》至今，埃森哲已经连续五年追踪中国企业数字化转型的进程与成果。

回顾过去五年，中国数字经济规模从31.3万亿扩大到45.5万亿元人民币，占GDP的比重从34.8%上升到39.8%。[1]除了规模的快速扩大，数字技术的创新及应用引发了产业形态和生产组织方式的深刻变革。五年间，数字化浪潮席卷各行各业，行业边界日益模糊，颠覆与创新成为常态，新可能、新机遇不断涌现。借力数字技术重塑业务、拓展边界，成为企业基业长青的不二选择。

1. 《2022中国数字经济发展报告》，中国信息通信产业研究院，2022年7月。

2018年，新旧经济还处于"冰火两重天"的状态：互联网企业凭借数字技术跨界，商业模式创新层出不穷，在消费市场上造成巨大的颠覆冲击；而制造业等传统行业的企业，营收增长放缓，盈利水平承压，"互联网+"成为众多企业开启"数字化转型"的初步探索。

2020年起，新冠疫情的暴发深刻影响着社会与经济活动。短期的现金流冲击让中国企业数字化投资意愿有所分化，但数字技术所带来的抗压力与恢复力也让中国企业意识到数字化部署的确势在必行。远程办公、电商等抗疫急需的在线应用被迅速、广泛地接受，但协同研发、供应链、组织管控等核心环节的数字化发展仍然相对滞后，却是企业竞争优势的重要来源。此后，企业加速积累数字化能力，疫情持续推动企业线上线下的加速融合，企业利用数字工具、平台和服务提升协同与管理能力，致力于建立弹性和自适应的供应链，打造更敏捷和更具韧性的运营模式，并为全业务领域的数字化转型逐步奠定基础。

基于2018年至2022年第二季度中国企业的财报电话会议讲稿所进行的自然语言处理（NLP）分析，我们探究了中国企业五年来的数字化转型部署重点。我们统计了讲稿中提及的数字化实践举措，并按照提升运营效率、促进营收增长、培育未来商机三大角度对举措进行了划分（见图六），数据代表该维度实践在全部数字化实践中的占比。数据显示，五年来中国企业转型重点动态调整，培育未来商机是中国企业数字化转型的关键，然而2022年受外部不确定因素影响，借助数字化手段提升运营效率成为企业当下重点。

图六 五年来中国企业数字化转型实践重点调整

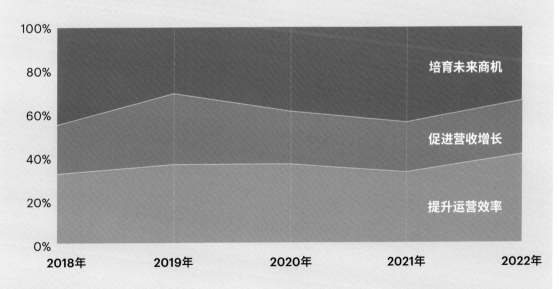

注：数据代表该维度实践在全部数字化实践中的占比。

数据来源：埃森哲商业研究院，*N*=88。

中国企业能力分化加剧，领军企业呈现四大差异化特征

逆境考验定力，领军企业坚持全面转型，创新优势进一步扩大

2022年进入转型领军者行列的企业比例为17%，与2021年（16%）基本持平。尽管领军企业比例略微增长，但转型领军者的数字化优势进一步加大，2022年这一差距达到38分（见图七）。

图七 领军企业的数字化优势进一步扩大

数字化转型指数得分（0~100）

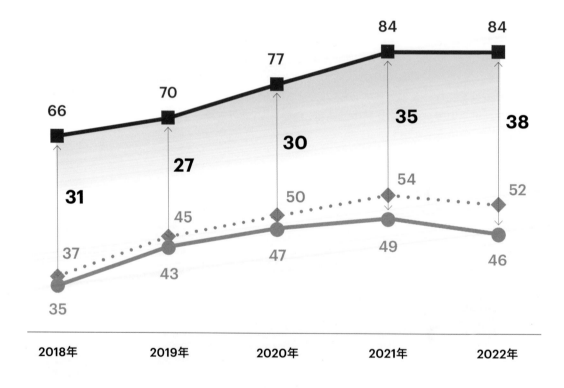

注：从业务转型的程度出发，基于过去三年新业务营业收入在总营收中的占比是否超过50%，我们识别出转型领军企业。
数据来源：埃森哲商业研究院。

转型领军者的优势来源于他们为企业的未来孕育新机。面对严峻的外部环境，很多企业侧重现有业务的降本增效而暂缓了对未来的投资。然而领军企业仍坚定转型，全面投资创新能力的建设。通过对数字化转型指数模型指标的分析，我们发现领军者优势最大的指标都和创新相关：在产品和服务的数字化升级能力的表现是其他企业的8倍；新兴数字技术培育和储备是其他企业的近3倍；基于平台的研发能力表现是其他企业的2.3倍；在创新的快速落地、创新体验的交付上，领军者也遥遥领先。特别值得一提的是，领军者还积极促进内部创新创业，从员工潜力和组织协同的角度入手，鼓励创新迭代和业务开拓（见图八）。

创新是对企业决断力和方向感的双重考验。尤其是在不确定的经济环境下，许多企业担心持续加大投入不但难以换回市场增长，反而导致利润下滑。但企业若减少研发投入则无法推出创新产品，可能会流失客户。反观领军企业，其创新投入不仅使差异化的产品和服务在危机中抢占先机，获得消费者青睐，更有机会在危机后撬动更大的市场。

图八 优势来源：领军者为未来孕育新机

倍数差距最大的举措（领军企业vs其他企业）

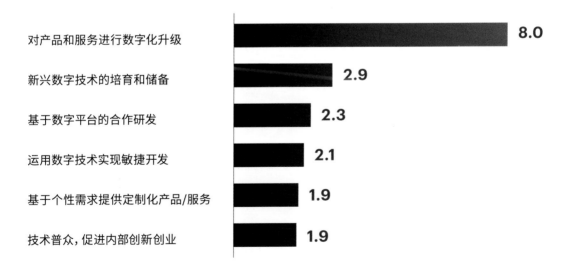

数据来源：埃森哲商业研究院。

领军企业从数字化投资中获得稳健绩效

考虑到近几年企业经营经常受到不确定因素的影响，为了全方位地探究企业经营绩效，我们从股东回报率、投资回报率、未来价值、领先持续性等多个维度综合考量，对企业数字化转型成果进行评估。我们在评估时不仅关注企业在具体指标上的表现，也会关注企业在行业内的领先程度。

通过分析样本中上市企业2016至2021年五年财务表现和股票表现，我们发现坚定的转型定力为领军企业带来了稳健绩效（见图九）：综合绩效提升11%，投资回报、未来价值获得上取得了两位数增长（13%和10%）。特别值得一提的是，领军企业的持续领先表现也显著高于其他企业（20%）。

图九 领军企业从数字化投资中获得稳健绩效

绩效提升

11%

实现高股东回报的
能力增加
7%

实现高投资回报的
能力提升
13%

获得未来价值的
能力提升
10%

持续领先的
能力提升
20%

注：数据展示了领军企业超出其他企业的比例。为全面评估企业的综合绩效，我们选取了四大维度、11个财务指标，评估不同时间跨度下各个指标的水平和这一水平在行业内的领先程度。数据是对样本中上市企业2016年至2021年五年财务数据的分析（N=195）。

数据来源：Capital IQ、埃森哲商业研究院。

领军企业呈现出四大差异化特征：使命驱动、人本体验、韧性运营、技术底座

我们评估了不同维度上领军企业和其他企业的得分差距，结合访谈的文本分析，提炼出领军企业四大差异化特征：使命驱动、人本体验、韧性运营、技术底座（见图十）。

图十 领军企业四大差异化特征

使命驱动
追求自我变革，
兼顾多方价值

人本体验
敏锐识别需求，交付
创新解决方案

韧性运营
准确判断外部变化，
优化资源配置

技术底座
架构先进，技术应用与
业务有机结合

数据来源：埃森哲商业研究院。

使命驱动

有明确使命的企业更有可能在危机中稳住方向、团结团队、达成目标。2022年，面临经济下行压力，很多企业聚焦业务存续，暂缓推进转型目标，搁置部分利益相关方的需求。但这些做法有可能损害企业的长期竞争力。其实，对数字技术的持续投资和巧妙应用能够帮助企业在业务增长的同时满足多方价值，前提是企业对自己制定的目标有明确的认知和坚守，不因外部环境的变化或内部推行的困难而放弃。

领军企业则始终站在更高的视角审视社会发展的趋势，将自身发展融入历史潮流，让自身增长跟上发展的脚步，最终引领时代新浪潮。领军企业的具体表现：

(1) 有明确的企业使命和转型战略；
(2) 坚持创新，不安于现状，持续投资未来；
(3) 塑造勇于变革、直面挑战的企业文化，全体员工目标统一、有凝聚力；
(4) 主动打破边界，整合内外部资源，引领开放式创新生态。

人本体验

体验是指南针，企业在行进途中需时刻关注体验。在危机时期，客户和员工的需求都会发生剧烈变化，对这些变化的认知和响应对于企业的生存和发展尤为关键。疫情进一步加速了线上化的进程，目前大部分企业都实现了线上渠道的部署，实现了服务的远程交付，远程办公及混合办公也已经成为常态。要实现差异化的竞争力，企业需要确认自己提供的产品和服务、互动方式是否符合人们的底层需求。

领军企业已经领先一步，从人们的本质需求出发，感知疫情以来人们生活理念、价值观、行为模式的变化，并进一步提升设计研发能力，从体验出发交付产品和服务，满足甚至超越人们的期待。领军企业的具体表现：

(1) 专注研发，长期致力于建立品牌护城河；
(2) 在全公司范围内贯彻以人为本的文化；
(3) 敏锐察觉需求的变化，善于发现痛点；
(4) 能通过创新的产品和服务设计以及互动方式响应需求，改善痛点。

韧性运营

当下经营环境复杂多变，稳健且灵活地应对各种变化是制胜未来的关键。埃森哲2021年全球高管调研显示，72%的受访高管认为疫情后组织决策和变革更频繁、更快速，灵活、快速的决策和响应将成为常态。目前，大量企业在核心系统、流程或服务管理功能等方面仍进行着缓慢的渐进式变革。这些举措往往难以切实改变运营模式，且行动和扩展速度也跟不上迅速变化的市场。

而领军企业已经配备了数据驱动的运营体系与决策机制，能够准确判断外部变化，优化资源配置。领军企业的具体表现：

(1) 动态调整组织架构，适应未来发展需要；
(2) 优化人才配置，充分赋权员工；
(3) 积极沉淀知识资产，内部信息流畅通顺；
(4) 综合、协调地利用数据、机器、分析工具和人工智能；
(5) 坚持精细化运营，持续改善流程。

 技术底座

技术是转型底座，更是加速器，推动企业在转型的漫漫征程中走得更快、更稳、更远。在如今的数字化时代，越来越多的企业高管意识到，几乎每一项业务都需要技术支撑和赋能。疫情暴发以来，许多企业为了确保业务的连续性，快速上线了即插即用的应用工具，让员工得以远程办公，让顾客可以线上咨询、线上下单。但这些应急方案并不能让企业实现数字技术的全部价值。

领军企业则高度重视底层技术能力，提前打好根基，依托信息系统集成和规模化上云推动业务创新，逐渐向无边界、自适应、人性化的技术架构演化。领军企业的具体表现：

(1) 坚信技术的价值和重要性，主动尝试新兴技术；
(2) 在技术方面有长期且固定的投入，注重全体员工的数字化意识层面的转变和技术水平的提升；
(3) 将技术和业务有机结合，充分挖掘技术对业务的支撑作用；
(4) 设置多种技术相关职能，如CTO、CIO、CDO等。

四大维度有不同的进阶道路，企业需要坚定信心，把握节奏

在经济环境高度不确定的今天，只有短板少、能力均衡的企业才能脱颖而出、制胜未来。然而，能力建设并非一朝一夕的事情，企业需要秉持系统工程思维，一步一个脚印，切勿急于求成。

为帮助企业认识转型的节奏和关键节点，基于中国企业在四个维度部署进程的数据，我们拟合出四条进阶发展曲线（见图十一）。

图十一　四大维度有不同的进阶道路

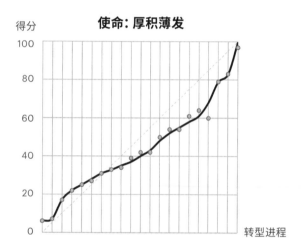

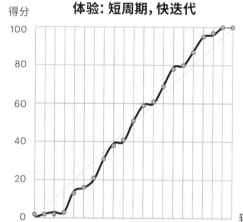

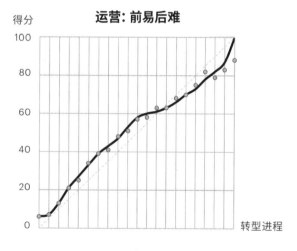

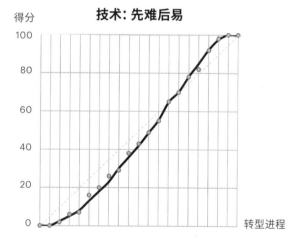

◎ 数据点　　—— 拟合线

注：100分为该维度的最佳状态。
数据来源：埃森哲商业研究院。

使命维度，厚积薄发。使命维度涉及兼顾多重目标和管理创新的能力。从发展曲线来看，这一维度存在较长时间的"攀登爬坡"期，企业即使持续投资，得分提升速度仍然缓慢；但只要企业持有耐力和定力，持续为未来投资，就会在后期快速获得提升。

体验维度，短周期，快迭代。体验维度体现在产品和服务的交付和互动连接方式上。体验维度的发展进阶存在明显的"阶梯"特征，有一定的数字化投入就会在较短的时间周期内获得能力提升。但由于这一维度与客户变化和竞争对手反应息息相关，导致体验维度能力的提升必须是一场"持久战"——持续优化，企业需要精准感知细微变化，并据此快速更新迭代，以交付最佳体验，维持长期的竞争优势。

运营维度，前易后难。运营维度的建设体现在组织、人才、流程和数据的协同上。运营的数字化转型是个系统工程，在转型前半段，数字化的介入能带来显著成效，该维度的能力建设快速提升；而后半场难度加大，各职能的无缝连接，实现基于数据的预测、预警等需要打通诸多节点，能力周期被拉长。但企业唯有突破这些节点，才能实现整体的最优，实现运营的稳健灵活。

技术维度，先难后易。技术维度关乎技术架构搭建能力和技术应用能力。技术的进阶曲线前半段

相对和缓，中后段接近线性。转型初期，无论是技术架构搭建还是技术应用，技术部署是对原有经营模式的改造和升级，其作用是渐进式的。但同时，作为先进的生产要素，与传统经营模式相比，技术积累的发展速度会逐步加快，当技术积累达到一定水平时，技术间的协同作用会被激发，推动企业走向技术领先。

数字企业进化图，助力企业扬帆远航

基于转型四大维度，结合埃森哲多年来服务各行各业转型的经验，我们设计了数字企业进化图，供企业了解趋势，着眼当下，面向未来，持续进化（见图十二）。

如果把企业比喻为一艘海上航行的大船，在转型道路上，使命是出发的初心，体验是指南针，运营是船体，技术是引擎。每个企业都有其特有的能力和禀赋，目标各异，转型道路也不尽相同。进化图可以作为诊断工具，帮助企业识别目前所处的位置，是否有亟待提升的维度；也可以作为统一目标的讨论工具，制定未来前进的方向和优先级。

图十二 数字企业进化图

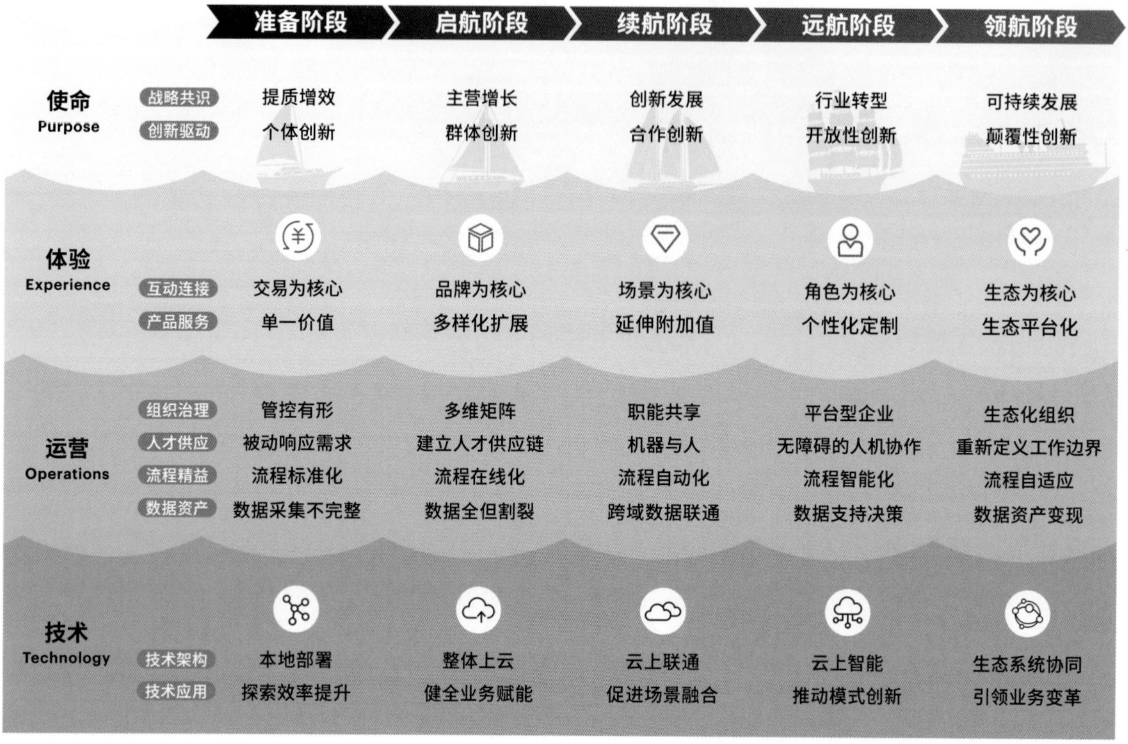

		准备阶段	启航阶段	续航阶段	远航阶段	领航阶段
使命 Purpose	战略共识 创新驱动	提质增效 个体创新	主营增长 群体创新	创新发展 合作创新	行业转型 开放性创新	可持续发展 颠覆性创新
体验 Experience	互动连接 产品服务	交易为核心 单一价值	品牌为核心 多样化扩展	场景为核心 延伸附加值	角色为核心 个性化定制	生态为核心 生态平台化
运营 Operations	组织治理 人才供应 流程精益 数据资产	管控有形 被动响应需求 流程标准化 数据采集不完整	多维矩阵 建立人才供应链 流程在线化 数据全但割裂	职能共享 机器与人 流程自动化 跨域数据联通	平台型企业 无障碍的人机协作 流程智能化 数据支持决策	生态化组织 重新定义工作边界 流程自适应 数据资产变现
技术 Technology	技术架构 技术应用	本地部署 探索效率提升	整体上云 健全业务赋能	云上联通 促进场景融合	云上智能 推动模式创新	生态系统协同 引领业务变革

锚定未来，持续进化，数字化转型一直在路上

关注当下，同时投资未来，我们建议企业从六大关键举措着手，实现数字化驱动的可持续发展。

长期主义 生态创新

· 全球价值链重整，中国企业必须坚持长期主义，融合可持续发展观念，持续创新，向价值链上游迁移。

· 企业需要更加务实和平衡，并依托使命，定义不同时间维度和资源分配的战略目标，综合考量渐进式、突破式、颠覆式创新的价值。

· 通过平台建设赋能中小企业数字化转型实践经验，推进开放合作，与更多生态伙伴一同创新。

回归人本 少即是多

· 数字化深度渗透，消费者更为审慎，更关注本质需求和多维价值的获得。

· 企业需评估业务的优先级，聚焦核心客户群体的本质需求；建立精准的消费者洞察机制，感知需求，定位可开发的新客户群体；从触点优化转向价值提供，以吸引、支持、服务用户为核心，确保每次互动都会使用户受益。

· 企业需识别个性化需求，通过产品和服务创新交付人本体验。

平台组织 多元"人才"

- 数字经济时代推动了新兴技术的飞速发展，工具、算法、数字人、机器人逐渐承担传统员工的岗位职责。

- 获取人才的渠道限制日益模糊，通过构造平台型组织，打造柔性的人才供应链，企业可动态调整组织架构，快速响应业务需求。

- 企业同时需要提升员工团队的数字素养，以技术赋能员工，持续创新变革。

精益数据 智能运营

- 随着经营复杂性的加剧，企业对高质量综合数据的需求在同步增加。

- 企业以价值为导向，只采集、管理、应用必要的数据，让数据最大限度服务于业务的需求，降低复杂性，加快迭代速度。

- 企业必须加速内外部数据聚合，利用多元化数据，不断提高数据质量以及云端数据的可用性，打造数据驱动的决策体系。

动态可视 韧性供应

- 传统的预防断供风险解决方案会增加运营成本，降低企业的竞争力。

- 动态可视的作用在于帮助企业实时了解供应链正在发生什么，快速响应突发事件。

- 企业应该专注于真正重要的业务领域——针对关键产品线、客户或供应商，以及关键时刻和环节，建立可视性，为业务中可能发生的风险做好准备，从而建立更具韧性的供应链。

技术价值 全面释放

- 工业4.0带动了数字经济和实体经济的深度融合，技术能力成为企业竞争力的核心来源。

- 企业需将技术与业务高度融合，丰富技术的全域应用场景，推进技术赋能价值链的各个环节。

- 企业不仅需要识别最适合当下及未来业务需求的数字技术，还要与已有的技术进行合理堆栈，从而充分发挥技术对业务的推动作用。

愿景驱动，砥砺前行

置身于越来越复杂多变的全球环境中，中国企业要坚定信心，勇往直前。展望未来，技术创新将继续呈指数级增长，为商业社会带来无限可能。使命驱动、人本体验、韧性运营、技术底座既是转型领军者的重要特征，又是中国企业加快转型、迎头赶上的重要指南。

未来十年，中国企业将进入自工业革命以来最根本性的商业变革——企业全面重塑（Total Enterprise Reinvention）时代：凭借技术、数据和人工智能，各项业务的所有领域都将转型，以探索和定义新的工作方式、新的客户互动方式以及新的增长机会。唯有找准节奏，保持定力，不断夯实数字化基础，加快全面转型，才能在机遇与挑战并存的商业变革中穿越周期、基业长青。

邓玲
埃森哲商业研究院研究总监

宋涵
埃森哲商业研究院研究员

邱静
埃森哲商业研究院大中华区院长

业务垂询：accenture.direct.apc@accenture.com

五大制胜因素推进
中国企业AI成熟之旅

文 陈泽奇

提要：提升人工智能（AI）成熟度是中国企业的一门必修课。掌握AI成熟之道的五大制胜因素，中国企业将可以从实践中收获实效，加速转型升级，实现高质增长。

如今，越来越多的企业意识到，若想获取竞争优势，AI绝对不可或缺。

正因如此，我们毫不意外地看到，2021年全球市值最大的2000家公司中，46%的首席执行官都在财报电话会议上谈及了AI及其相关概念。[1]

埃森哲面向全球领先企业1600余名高管和数据科学家的调研发现，近75%的企业已将AI整合至自身业务战略当中，并重新制订了云计划，力求成功应用AI。

目前，企业正纷纷落实这些计划。从加速新产品研发进程，到提升客户体验，他们对近三分之一的AI试点项目进行了后续扩展，以期取得规模化成效。

不少企业已看到了成果。本次调研中，42%的受访企业表示AI项目回报超出了预期，而回报未达预期的仅占1%。

人工智能，加速推进

企业已然建立起对AI的信心，将其视为价值驱动因素。埃森哲估计，AI驱动转型的速度将超过数字化转型的速度——平均快16个月（见图一）。

图一 预计AI驱动转型花费的时间将少于数字化转型

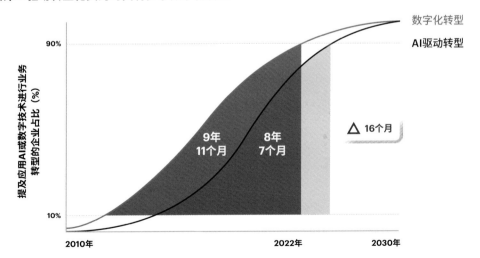

备注：我们的估算以自然语言处理分析为基础——我们分析了2010—2021年间，全球2000家市值最大企业的财报会议，计算其中有多少次在提到"业务转型"的同时分别还谈及了"人工智能"相关概念和"数字技术"相关概念。分析数据来自标准普尔财报电话会议数据库。
资料来源：埃森哲商业研究院。

---

1. 埃森哲商业研究院对全球市值最大的2000家企业进行分析，查看其在财报电话会议中是否提及人工智能相关概念。公式基于2020年召开财报电话会议企业的CEO、CEO出席了电话会议、CEO提到了人工智能相关概念。2021年，这些CEO中有46%在财报电话会议中提到了人工智能相关概念，高于2017年约35%的比例。

在中国，企业快速部署AI的动力非常强大。我们发现，2018—2021年，企业营收中由AI推动的份额增加了一倍以上，预计2018—2024年将增长两倍之多。在这样的预期之下，企业纷纷加大并加速AI投资。2021年，约三分之一的受访中国企业用于AI开发的技术预算超过30%。到2024年，有此想法的企业约占三分之二（见图二）。

AI成熟度：如何衡量

各行各业竞相拥抱AI，为何有的企业能看到更多价值

为了揭示AI制胜策略，埃森哲设计了一套全面的AI成熟度框架。我们利用机器学习模型解读海量的调研数据集，揭示AI成熟度的驱动因素。

图二 2018年—2024年*，受访中国企业"营收中由AI推动的份额"

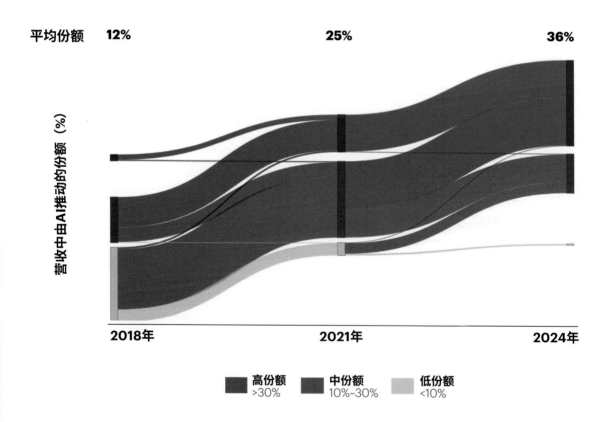

平均份额　12%　　　　25%　　　　36%

营收中由AI推动的份额（%）

2018年　　　2021年　　　2024年

■ 高份额 >30%　　■ 中份额 10%~30%　　■ 低份额 <10%

备注：颜色表示在每个时间段内实现的、由AI推动的营收阈值。

资料来源：埃森哲商业研究院。

注：*2024年为预估值。

*营收中由AI推动的份额：①通过提升AI驱动客户、供应链和渠道等方面的洞察力，使销售现有产品和服务成为可能；②利用人机协作模式，使销售新产品和服务成为可能；③通过机器算法动态定价。上述包括拆分收入以及净新营收，但并未计算由于应用AI而提高的生产运营效率。

我们发现，AI成熟度实质上是基于一系列关键能力组合——不仅涵盖数据和AI领域，更涉及组织战略、人才和文化等方面。只有正确掌握这些关键能力组合，企业才能从AI应用中取得强大的竞争优势。

我们把这些关键能力归纳为两个维度，分别是：与行业对手保持同步发展所需的"AI基础能力"（云平台和工具、数据平台、架构和治理等）和"AI差异化能力"（AI战略和首席高管的支持，使企业超越同侪的创新文化等）。

AI成熟度用于衡量企业正确掌握AI相关能力组合的程度，其目标在于助力客户、股东和员工实现卓越绩效。

在"基础能力"和"差异化能力"这两大类别中，得分最高的企业被评定为"AI领军者"。"AI建设者"展现出了强大的基础能力，但差异化能力仅处于平均水平；"AI创新者"虽具备强大的差异化能力，但基础能力只达到了平均值。

针对中国企业的调研分析显示，AI领军者、AI建设者和AI创新者合计仅占受访企业的48%，比例分别为13%、29%和6%（见图三）。

我们将剩下的受访企业归为第四类——"AI试验者"。他们占受访企业的52%，其在基础能力和差异化能力两方面均表现平平。

图三 13%的受访中国企业跻身AI领军者之列

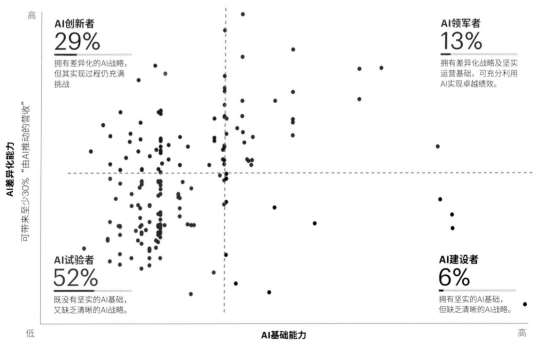

资料来源：埃森哲商业研究院。

人工智能，行行可用

AI领军者、AI建设者和AI创新者等三类企业往往拥有更多资源（技术、人才和专利等），助其实现自身AI愿景和组织转型。各行各业都不乏这样的典范。

首汽约车从传统出租车公司向服务型平台转型后，通过智能语音解决方案，将人工客服审核工作量降低了35%，智能客户投诉处理的准确率达90%以上，以智能化的应用场景为乘客提供了良好的服务体验。[2]

伊利牛奶搭建端到端的消费者体验平台，通过算法预测未来可能流行的产品口味、营养功能，收集消费者的反馈，并基于反馈对产品进行创新和升级。伊利还鼓励消费者参与产品的包装设计、口味等决策过程，极大地丰富了消费者的体验。该企业还在2019年引入智能客服系统，解决客户购买前以及使用后可能遇到的各种问题。[3]

宁德时代为应对日益复杂的制造工艺和日趋严格的质量要求，利用人工智能、边缘计算等技术提升生产效益。在宁德基地，该企业生产每组电池耗时1.7秒，而缺陷率仅为十亿分之一，劳动生产率提高了75%，同时能源消耗降低了10%。[4]

北京生物制品研究所严格执行新版《药品生产质量管理规范》（GMP）对无菌制品生产过程的空气悬浮粒子、微生物限度及其监测等的具体规定以及生产各过程洁净度的明确要求，利用AI技术管理无菌操作区域，实现在线实时监控和自动报警，确保质量符合规范。[5]

博威合金建立了有色合金新材料全研发过程的数字孪生，根据企业30多年沉淀的80万条研发数据，通过数据、算法、试验高效协同的数字化研发能力，在数字世界进行新材料的仿真测试，产品研发效率提升35%以上，新产品开发周期缩短50%。[6]

2. 《亚马逊云科技案例研究：首汽汽车》，2021年1月，https://www.amazonaws.cn/en/customer-stories/automotive/sqlc-case-study/。

3. 《伊利集团"小伊"、"小A"齐上线，为消费者员工提供全天候服务》，来也科技，2021年10月，https://baijiahao.baidu.com/s?id=1715052654985530708&wfr=spider&for=pc。

4. 《科技创新引领，在全球产业版图中树立"宁德地标"》，人民网，2022年1月，http://fj.people.com.cn/n2/2022/0128/c181466-35117237.html。

5. 《2022中国企业数字化转型指数》，埃森哲，2022年10月，https://www.accenture.com/cn-zh/insights/strategy/china-digital-transformation-index-2022。

6. 《技术展望2022：多元宇宙，融合共治》，埃森哲，2022年5月。

不同行业应用AI的差距正在缩小

　　虽然AI在不同行业的应用重点和成熟度存在明显差异，但行业差距正在不断缩小。我们的研究显示，目前，高科技等行业的AI成熟度较为领先，但其他行业正在迎头追赶（见图四）：自然资源与能源行业正致力于利用AI提升能效与安全，并实时追踪碳足迹；保险与零售行业借助AI进一步提升客户与员工体验；汽车行业期待自动驾驶得到实际应用；工业企业已看到AI技术在优化设计开发与生产制造各个环节带来的巨大价值。

图四 中国企业AI成熟度水平（按行业划分）：2021年和2024年*

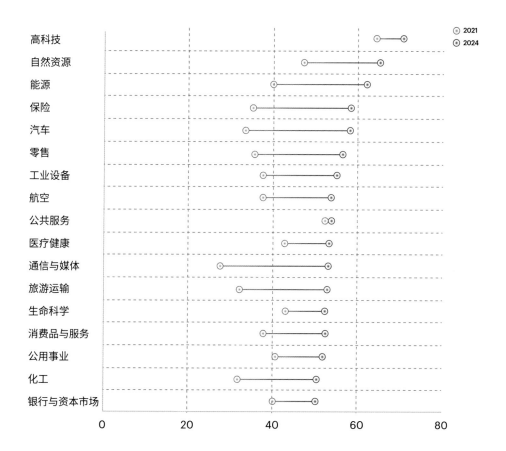

备注: *2024年=预估得分。各行业的AI成熟度得分代表其各自基础指数和差异化指数的算术平均值。
资料来源: 埃森哲商业研究院。

AI领军者：何以制胜

以传统绩效指标评价，AI领军者表现非凡。

从全球范围看，在2019年新冠疫情暴发前，与同类企业相比，AI领军者的营收增幅平均高出50%。当前，就总营收由AI推动的份额是否超过30%来看，AI领军者的成功概率较AI试验者高出3.5倍。

同时，AI领军者正展开更广泛、更先进的行动，部署AI解决方案以解决问题、发现机遇、超越同行。我们发现AI领军者具备以下特点。

多方兼顾，综合发力

在定义AI领军者时，我们并非着眼于某单项能力的完善程度，而是考量企业是否有能力将战略、流程和人员等方面的优势融为一体（见图五）。相比之下，AI创新者普遍擅长确保高层支持，也积极安排所有员工接受培训，但缺乏大规模支持AI应用所需的基础能力。AI建设者擅于创建数据平台和AI平台，但在培育AI娴熟度和推动AI应用所需创新文化方面稍逊一筹。

把试点成果转化为生产力

AI领军者已在很大程度上超越AI投资的"临界点"，不再孤立尝试新的AI功能，而是规模化应用AI来解决关键业务问题（见图六）。与AI试验者相比，AI领军者在整个企业范围规模化AI的可能性高出25%，致力于把试点成果转化为应用范围更广的生产力。

图五 AI领军者几乎在所有能力上都出类拔萃

		领军者	建设者	创新者	试验者
价值实现	(1) 高层支持	■	■	■	□
	(2) AI战略	■	■	■	□
	(3) 主动 vs 被动响应	■	■	□	□
	(4) AI与机器学习工具准备就绪	■	□	■	□
	(5) 开发者网络随时可用	■	□	□	□
智能数据及AI平台	(6) 能力自建 vs 采购	■	□	■	□
	(7) 平台与工具	■	■	□	□
	(8) 实验数据 — 变化	■	■	□	□
	(9) 数据管理与治理	■	■	□	□
	(10) 数据管理与治理 — 变化	■	■	□	□
人才与文化	(11) 必修培训	■	□	■	□
	(12) 员工能力与AI相关技能	■	■	□	□
	(13) 植入创新文化	■	□	■	□
	(14) 激励创新文化	■	□	■	□
	(15) AI人才战略	□	■	■	□
负责任的AI	(16) 负责任的AI设计	■	□	□	□
	(17) 负责任的数据和AI战略 — 变化	□	■	□	□

备注：每个方块都代表17项关键能力中的一项。当AI领军者表现优于同类企业时（即达到成熟水平的企业水平高于所有企业的平均水平），该方块会被填满。

资料来源：埃森哲商业研究院。

图六 AI领军者擅长把试点成果转化为生产力

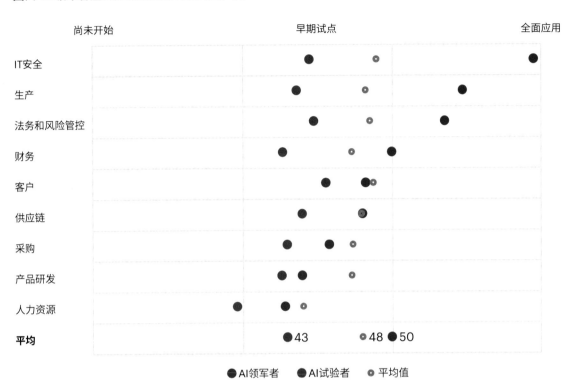

备注：得分为0-100，其中0表示AI应用尚未启动，50表示处于AI早期试点，100表示已落实AI程序来推动全面应用。该图显示了领军者与其他类型企业之间，各职能部门AI应用模式的平均得分。在控制行业、地理位置和企业规模等因素后，此类差异便具有统计学意义。

资料来源：埃森哲商业研究院。

案例研究

三一集团：从"聪明工厂"到智造生态[7]

三一集团依托柔性自动化生产、AI和工业互联网，规模化布局智能工厂。以长沙18号工厂为例，其生产过程已实现"聪明作业"，并创造了45分钟下线一台泵车的"三一速度"。在此基础上，该企业借助"根云平台"打通研发、供应链、营销等各个环节，推动产能共享。

关注财务以外的绩效指标

通过建立信任、减少客户流失、提高产品质量和安全性等手段，AI领军者与客户之间建立了牢固的关系。埃森哲商业研究院的绩效模型显示，在客户体验方面，AI领军者的得分比AI试验者高出8%。

此外，AI领军者加倍致力于践行可持续发展之路，例如，严格测量和减少温室气体排放、更经济地利用水和其他自然资源，以及负责任地使用AI。埃森哲覆盖500余家跨国公司的可持续技术调研发现，成功减少运营排放的受访组织中，70%都在利用AI

7. 埃森哲访谈，2022年10月。

实现减排。同理，从那些在测量和披露碳足迹方面取得长足进步的企业来看，75%均是借助了AI来完成这一飞跃。埃森哲商业研究院的绩效模型显示，在可持续发展方面，AI领军者与其他企业之间存在着显著的价值创造差距。

如何成为AI领军者

值得注意的是，企业提升AI成熟度的潜力将随着技术本身的发展而不断发展。今天的卓越绩效终将成为明日的业务常态。

当前的AI领军者已设定了很高的标准，并随时准备着保持自身的领军地位。他们向我们展示了：AI是一门科学，但提升AI成熟度更是一门艺术。

AI领军者业已证明，愿景和文化等方面的卓越表现与算法完整性同等重要。埃森哲通过研究，揭示了AI领军者的五大关键制胜因素。

一、在企业高管全力支持下，将AI作为整个企业的战略重点

企业须制定强有力的AI战略，且这些战略必须赢得CEO和其他首席高管的大力支持，否则很可能陷入困境，与企业其他举措争夺关注和资源。

AI战略赢得企业高管层的正式支持是成为领军者的必要条件。在受访中国企业中，100%的AI领军者已获得这样的支持。

我们的研究还表明，最佳的AI战略往往锐意果敢，有助于激励创新。对于企业的CEO来说，营造创新文化本身就是一种深思熟虑的战略举措，有力助

推整个企业的实验和学习。事实上，59%的AI领军者已将创新融入自身组织战略，而试验者中有此行动的仅为12%。

另外，为鼓励这种自下而上的创新，成功企业普遍部署了特定的系统和架构，帮助员工展示自己的创新实验，并寻求领导层的建设性反馈。在中国，30%的AI领军者已开始使用平台工具，支持员工随时提出问题，并与整个企业内的同事分享观点，而试验者中采取该举措的比例仅为10%。随着成功企业不断扩大自身的AI人才储备，未来这一数字必将有增无减。

二、大力发展人才，从AI投资中获得更多收益

有了明确的AI战略和高管层的强力支持，企业就更有可能加大投资力度，培养员工队伍的数据和AI娴熟度。虽然熟练掌握AI必须从企业高层着手，但绝不能止步于此。

例如，调研发现93%的AI领军者已针对大多数员工（从产品开发工程师到首席高管层）开展AI必修培训，而只有71%的试验者实施了这一举措。

鉴于领军者优先考虑提升自身员工队伍的AI素养，顺理成章，其雇员也更为精通AI相关技能。这使"人机协同"的工作模式变得更加容易，并可确保AI在整个组织中规模化推广。调研显示，37%的AI领军者拥有一支始终具备高水平AI技能和素养的员工队伍。此外，领军者的员工几乎在所有数据和AI相关技能方面都拥有更高的胜任能力。

领军者还制定了积极主动的AI人才战略，力求始终走在行业趋势的最前沿。除招聘外，他们会与专业公司合作，甚至采取并购行动，以此填补关键岗位空缺（数据科学家或行为科学家、社会科学家和伦理学家等）。不仅如此，他们还会制订计划，开展多元化、多学科的员工协作，确保企业的数据科学创新能力，从而创造最大价值。

案例研究

平安人寿：开启"人智协同"，推动融合的AI文化[8]

保险行业进入提质增效阶段，传统以人海突围的销售战术难以为继。平安人寿将语音识别、语音引擎、人机对话等AI技术应用于代理人招聘面试中，提升增员效率；并打造"智慧培训平台"，为代理人提供7x24小时的人机对练和点评；公司自主研发的"智能会客平台"以AI辅助工具提示代理人更有针对性地展开销售，多维赋能业务拓展。

三、实现AI工具和团队产业化，打造AI核心

领军者的另一优先事项是打造AI核心——即运营数据和AI平台，利用企业的人才、技术和数据生态系统，使企业能够在试验和执行之间找到恰当平衡。AI核心可助力企业实现自身AI应用程序产品化，并将AI集成到其他应用程序中，从而更加无缝地利用AI创建差异化优势。

AI核心还能贯穿云的统一连续体（从迁移到创新），提供端到端的数据能力（基础、管理和治理），管理机器学习生命周期（工作流、模型训练、模型部署），同时提供自助服务能力。管理AI核心的是一支专门的跨学科团队，成员包括机器学习工程师、数据科学家、数据领域专家和系统工程师。

在构建AI核心的过程中，领军者充分发挥着内外部数据的力量，确保数据可信，将其存储在统一的企业级云平台中，并为其制定相应的使用、监控和安全策略。

为了快速有效地从数据中提取价值，领军者还会开发量身定制的机器学习应用程序，或与提供解

---

8. 埃森哲访谈，2022年9月。

决方案即服务的事业伙伴通力合作。与试验者相比，领军者开展此项工作的可能性平均高出19%。与创新者相比，领军者更有可能利用AI促进创新，利用随时可用的开发者网络，快速完成产品化并推广成功试点。

案例研究

京东集团：探索AI前沿，沉淀AI实力[9]

京东集团自2017年开始向科技企业转型，累计技术投资超过900亿元人民币。该企业不但在自有的零售、物流、服务等复杂的供应链场景中深度应用人工智能技术，实现业务的全面自动化升级，还进一步把这些能力解耦成标准化产品，赋能上下游企业。

四、由始至终，负责任地设计AI

随着企业在越来越多的工作中部署AI，想要建立健全的数据和AI基础，企业就必须遵守相关法律法规和道德规范。

在另外一项涵盖850位首席高管的研究中，埃森哲设法衡量受访者对AI监管的态度，并评估其所在企业的合规准备程度。几乎所有受访者（97%）都认为监管会对其产生一定程度的影响，77%表示合规是整个企业的优先事项之一。值得关注的是，许多企业都将AI监管视为成功的助推器，而非绊脚石。

如果AI系统能够展现出高质量和可信度，便将为先发企业提供短期和长期的显著优势，助其吸引新客户、留住现有客户并建立投资者信心。在中国的受访企业中，尽管只有6%的中国受访企业已实施负责任AI实践，但50%的企业有志在2024年底之前采取这一行动。

领军者正在有意识地应用负责任AI，其行动较其他企业更为迫切。在中国，与建设者和创新者相比，领军者设计负责任AI的可能性高出19%和12%。设计、开发和部署AI的良好初衷，不仅是为了增强员工和企业的能力，更是为了对客户和社会产生公平影响——此举能够让企业充满信心地实现AI规模化。

对企业而言，设计负责任AI能够提升自身能力，从而满足未来需求、进一步降低风险，并为自身和利益相关方创造可持续价值。

五、优先AI投资，做好短期和长期规划

为避免落后于人，大多数企业都需要大力增加数据和AI方面的支出。领军者从AI中获得更多收益的一项简单原因，就是加大了AI投入力度。

我们发现，2018年，领军者将自身技术总预算的15%专门用于AI；2021年，这一比例已增至27%；到2024年，这些企业计划在此领域投入41%的预算。

AI领军者非常清楚，自身的AI转型仍有待深入，也明白投资的数量与质量同等重要。对这些AI领军者而言，持续投资的主要目的在于规模化应用AI，以产生最大影响，同时促进各种AI解决方案之间相互支持，并在此过程中重新部署资源。

从实践到实效，驱动非凡价值

使用AI解决业务问题并非新生概念。有证据表明，在2019年，企业跳出试点范围，在组织内规模化推广AI，会对投资回报率产生重大影响。[10] 新冠疫情暴发期间，AI对一些企业而言只是一种应急手段；但对另一些企业来说，AI驱动的转型已迅速成为企业茁壮成长的动力。

---

9. 埃森哲访谈，2022年9月。
10. 《中国企业人工智能应用之道：从"浅尝试"到"规模化"》，埃森哲，2020年7月。

图七 AI成熟度评估：供高管层参考的问题示例

类别	关键问题
战略和支持	· 您所在企业的首席高管是否对数据和AI战略和执行负有明确责任？ · 考虑到潜在风险，以及与企业整体战略保持一致的要求，您如何识别潜在价值，如何对业务案例进行优先排序？ · 您是否为在企业内部构建AI产品和服务分配了足够的资源，能否充分利用您的生态系统合作伙伴？
数据和AI核心	· 您是否拥有支持自身AI战略的云平台和技术？如有，支持程度如何？ · 为满足业务需求，您是否拥有有效的企业范围数据平台，以及强有力的数据管理和治理实践？ · 您是否在AI开发的整个生命周期中有效使用了数据科学和机器学习团队？
人才与文化	· 您的数据和AI素养战略是否与您的业务目标相一致？ · 您在多大程度上优先考虑了企业高层领导、业务相关者和员工的数据和AI娴熟度？ · 您是否拥有全面的人才模型来扩展、区分、保留和发展AI人才（即由机器学习工程师、数据科学家、数据领域专家和数据工程师组成的多元化专门团队）？ · 您如何在所在企业中把数据和AI文化制度化？
负责任AI	· 您是否拥有覆盖企业范围的框架，帮助您化理念为实践，将负责任的数据和AI付诸实施？ · 您是否在所有AI模型的整个生命周期中，都应用了一致化、产业化的负责任数据和AI方法？ · 若您的运营跨多个国家和地区，您是否对其AI相关法律法规的演变进行系统性追踪，同时预测其未来变动并做好相关应对准备？

资料来源：埃森哲商业研究院。

放眼各行各业，AI领军者正蓬勃发展。他们已完成云迁移，开始转向创新，利用云的规模化和计算能力，充分发挥全新数据源和AI技术的广泛用途。然而，AI领军者与众不同的秘诀并不在于AI本身，而在于他们看待AI的方式——他们确信，AI成熟度既关乎人员，也关乎技术；战略与实施缺一不可，责任与敏捷亦同等重要。

虽然相对于同类企业，AI领军者已然走在了最前列，但随着其自身成熟度的不断发展，他们将设定新的卓越绩效标准。其他企业也应提出一些问题来评估自身的AI成熟度，图七为企业提供了一些问题示例。此外，还有工具亦可助力企业衡量AI成熟度，并建立清晰的路径来取得持续进展和绩效。

随着AI技术的日益普及，所有企业的未来发展都将变得非常不同——一些企业将受到变革的影响，另一些企业则将引领变革。因此，企业想要成功转型，就必须让自身团队通晓AI成熟之道：以云赋能、数据为擎、AI锻造差异化优势。◢

陈泽奇
埃森哲大中华区董事总经理、应用智能业务主管兼首席数据科学家

业务垂询：accenture.direct.apc@accenture.com

提要: 埃森哲《未来生活趋势2023》报告汇集埃森哲全球设计师、创意人员、技术专家、社会学家和人类学家的洞察与智慧,揭示五大趋势和企业应着力的方向。

美好生活，
灵活掌控

文 马克·柯蒂斯、凯蒂·伯克、阿妮塔·比约恩加、
尼克·德·拉·马雷、格雷琴·麦克尼利

虽然人生不尽是一帆风顺，总有跌宕起伏，但直到几年前，大部分人们的生活都还算平稳顺意。然而现在，屡屡发生的"黑天鹅""灰犀牛"事件令人们愈发感到不安。当人们原本的生活接近崩塌边缘，便会条件反射般的从平凡琐事中采取行动、做出改变，以期可以重新掌控自己的生活。

技术则为人们提供了这种机会。随着人工智能（AI）的普及，图像、声音和文字的模式正在发生创造性的转变。在眼球经济环境下，技术让消费者更多地参与塑造他们喜爱品牌的未来，而不久的将来，人们将利用"标记化"（Tokenization）完全掌控个人数据的安全及使用。

危机发生后，周遭一切已不复从前。生活中的变化更是显而易见，控制权的"天秤"正在倾斜。这些改变不仅影响人们与周遭的关系，也会影响品牌和组织的运营。品牌要决定向其客户让渡一定的控制权，以换取客户对品牌的忠诚度；而在商业领域，领导者将定义混合办公模式如何演变。

趋势一：
努力生活——迎接挑战

　　一波又一波的危机改变了人们的生活。一些人对此早已习以为常，而另一些人则感到十分不安。不过最终，人们都将适应这种"世事无常"的局面。随着越来越多的人将不稳定性内化为一种常态，他们应对危机的方式将影响他们的购买行为，以及他们如何看待品牌和雇主——企业则需要对此做好准备。

趋势二：
我信故我在——数字世界 心归何处

　　近年来，人们不但通过数字渠道的兴趣小组找到了归属感，并将某些兴趣发展成了生活日常。新技术在这种行为转变上应运而生，并实现了"先社群、后生意"的新营销模式，进一步促进客户与品牌建立关联。这都将重塑品牌的忠诚度计划，使消费者更多地参与到他们所信任的品牌构建。此外，这种新模式将赋予品牌拓展更多产品领域的能力，并实现销售转化。

趋势三：
职场再平衡——混合办公 锐意创新

　　虽然人们仍在探讨是否应全面结束居家办公，重返办公场所，但可以确定的是，居家办公尚未成为被所有人都接受的工作模式。我们曾在2022年的报告中提出过类似的观点，但居家办公所引发的问题至今仍未得到解决，且对于人们的影响愈发明显。归根结底，是长期居家办公无法为人们带来曾经办公场所工作模式所产生的无形益处，这与后疫情时代城市运营模式及人们价值主张的演变密切相关。有人继续抵制恢复新冠疫情前的工作模式，有人则渴望结束远程办公与同事重聚在办公室——眼下，企业领导者需要重新制定一个更合乎逻辑、互惠互利的混合办公模式。

趋势四：
新生的缪斯——人工智能 赋能创意

　　人工智能（AI）不断延展其能力边界，帮助人们更好地施展与生俱来的创造力。AI曾经是企业用于完成重复性任务的便捷工具，现在作为人类的好帮手，则在人们完成创意工作时发挥着关键作用。突然之间，任何人都可以创作出质量不错的文章、图像和视频内容，而无须付出很多努力或学习新技能。随着AI技术以惊人的速度发展，企业当前亟须思考如何把握由人工智能所生成的海量优质内容，以及如何有效使用该技术提高自身的原创能力和创新速度。

为了更全面地向读者展示这些趋势，报告中的视觉作品皆由埃森哲的设计师使用人工智能生成：首先从内容中提炼文字或短语作为关键词，然后利用技术工具进行人工调整，最终通过"人机合作"创造出这些更具创造力、多样性和无限可能的艺术作品。

这是一次人类智慧与科技的融合，希望这样的尝试能够提升您的阅读体验。

敬请访问埃森哲官方网站阅读报告全文。

趋势五：
重掌信息权——数字钱包 慎重存放

眼下，品牌需要特别留意数字身份危机对消费者生活的影响，个人数据被使用甚至被滥用的情况已困扰消费者多时。不过，人们可能很快就会通过数字钱包重获个人数据的掌控权，包含支付方式、身份信息、会员记录等标记 (Token) 信息。至关重要的是，消费者将决定如何与品牌或组织共享个人数据。对于品牌来说，因网络缓存文件 (cookie) 限制而无法获取的数据或许可以通过数字钱包补全。而在设计数字钱包的价值理念并建立消费者对其的信任时，品牌需要关注流程中的每一项细节。毕竟，细节决定成败，提升用户的接纳度更是一项艰巨的任务。

这些生活中微不足道的控制权转移最终会聚沙成塔，改变整个市场生态。消费者的态度已悄然改变，各类技术也愈发成熟，不久，我们会看到一个不一样的未来商业生态。而随着品牌和客户之间的控制权动态变化，市场关系也将被改变——客户将在企业允许的范围内更多地参与到品牌决策中来，并能够更自主地保护个人数据。在企业中，领导者需要善用混合办公模式以重塑内部权力格局，以此推动业务创新和工作关系的良性发展。

无论世界如何变化，作为企业领导者、员工、客户、消费者、创造者，每个人都在尽心尽力地扮演着自己在社会中的角色，并想方设法重新掌控自己的生活，努力回归到正轨。而当这些大起大落趋于平静，人们将迎接崭新未来的开启。◪

马克·柯蒂斯
埃森哲Song事业部元宇宙业务联席主管兼可持续业务负责人

凯蒂·伯克
埃森哲Song事业部元宇宙业务前沿思想、内容和服务全球负责人

阿妮塔·比约恩加
埃森哲Song事业部全球商业研究院负责人

尼克·德·拉·马雷
埃森哲Song事业部北美地区体验设计负责人

格雷琴·麦克尼利
埃森哲Song事业部北美地区体验设计研究院负责人

业务垂询：accenture.direct.apc@accenture.com

智能可视，
构建供应链韧性

文 潘峥、蔡明翰、苏敏

提要： 企业供应链与运营系列报告第一篇。善用智能可视能力，企业将以更高的成本效益构筑更强的供应链韧性。

当下，如何建立更具韧性的供应链已经成为最紧迫的议题之一。企业迫切希望构建一套具有成本效益的管理能力，可以集中资源和投资，在供应链短缺之前甚至短缺期间进行干预和修复。

这种能力就是整个供应链的"智能可视"。根据埃森哲最新研究，这也是许多领军企业正在努力构建的能力。可视性并非一个崭新的概念，数据分析和技术的进步已帮助企业在这一领域做出改变。

智能可视能力：以更高的成本效益构筑更强的供应链韧性

供应链的韧性在传统上被认为是保障库存、更灵活的制造能力和充足的供应资源池，而所有这些都会增加成本。这意味着客户很可能需要为货物和产品支付更高的费用，投资者则不得不牺牲他们关注的短期盈利能力。这两点都是不可接受的，尤其是当供应短缺逐步得到缓解的时候。

但好消息是，企业现在可以用更优的成本效益创造一个可视性更强的韧性供应链，而不必通过保持过高库存，或牺牲价格的方式维系多个供应商以预防潜在的供应短缺风险。相反，企业可以建立新的能力以辅助评估自身的"短板"环节或实时获取整条供应链的信息。有了这些洞察力，企业可以基于事实快速做出决策，避免中断性事件的负面影响，并更有效地集中投资，从而提高供应链的结构化韧性。

大多数企业领导者都认同可视性更强是一件好事。但有了更大的可视性，企业可以做到哪些之前无法做到的事情？仅凭可视性就能真正使供应链更有韧性吗？

为深入探究这些问题，埃森哲对来自不同地域和行业的30位领军企业供应链高管进行了访谈。在一系列的交流中，我们探讨了他们所在企业在多大程度上实现了"结构化"和"动态"可视，以及这些对其供应链绩效的影响。

在埃森哲，当提到可视性，我们指的是由分析技术和人工智能支持的结构化可视能力和动态可视能力的结合，我们称之为"智能可视能力"。智能可视会带来更好的财务业绩，这是韧性的一个关键因素。我们的调研分析显示，具备更高智能可视能力的企业，往往在收入、利润率和股价方面表现更好，特别是可视性成熟度较高的企业。

尽管调研覆盖的只是一部分代表性企业，但他们的经验表明，可视性能够帮助企业避免短缺、或尽快从短缺中恢复过来。我们发现，企业并不需要完美的可视性来提高韧性。针对某些产品线、客户或关键供应商的可视性往往足矣。

现在让我们更深入地了解企业是如何构建不同类型的供应链可视性，以及这对其业务意味着什么。

供应链可视能力的不同类型

大多数人都知道"可视性"在理论上意味着什么。但在实践中，不同类型的智能可视能力可以构建供应链韧性。我们可以将这些类型分为两大类：结构型和动态型。每个类型都各有特点和优势（见图一）。

图一 埃森哲智能可视能力韧性框架

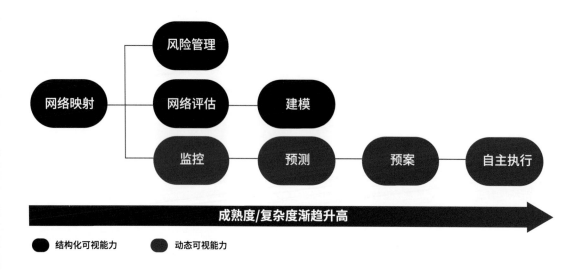

一、结构化可视能力

我们可以将结构化可视能力视为X光射线图，对企业在某个特定时间点或某个运营期间范围内的供应链能力进行拍照，形成静态的镜像图，透过镜像图的分析发现隐藏问题。结构化可视能力包括网络映射、供应风险管理、网络评估和建模等活动。许多企业正借助数字孪生技术在虚拟网络环境中平行构建供应链能力，借此获得更高的结构化可视能力。通过这一举措，企业可以借助人工智能更好地分析、评估和模拟虚拟场景，优化供应链性能，并对潜在风险和短板进行压力测试。这种可视性对于应对供应短缺至关重要。

结构化可视能力可帮助企业了解以下事项：

- 供应商在何处。
- 他们的生产制造地点在哪里。
- 他们自身以及合作伙伴的物流路线是什么样的。
- 更广泛的供应网络中的相互关系如何。
- 潜在的供应链风险和短板是什么。

供应链结构化可视能力主要有四种类型：

（1）网络映射： 可以让我们更直观地获知企业与其生态合作伙伴组成的供应网络关系，针对关键物料的供应，匹配相应的一级或二级供应商，平衡供应能力，引入供应商竞争机制，完善企业供应网络；也可以透过平面的网络映射，查看关键供应商的位置信息，在出现短缺风险的时候，择优选用更好的解决方案。

（2）供应风险管理：建立企业风险管理机制，通过对风险的定义和识别，评估风险处理的优先级，建立风险备案库和升级机制，有效协同组织资源以快速响应供应短缺的风险；风险管理除了可以快速响应短期出现的供应风险，也可以帮助企业从被动供应链"救火"转变为主动识别并提前防范以降低风险影响；完善企业风险管理，更早识别潜在的风险因素，有效将供应链风险降低到可控范围。

（3）网络评估：借助平台的技术手段，识别现有供应网络中的固有风险，包括地缘政治风险、外部生态环境对新建厂房的利弊影响、气候对产品存储的要求、地方财政招商引资政策性扶持优惠等；同时也可以帮助评估自身与其他网络节点的关系，包括中心大仓的运输周期、与重要客户的距离或其他相关的因素。

（4）建模：通过数字孪生技术，在虚拟的网络中平行构建与企业实际运营相一致的能力，并通过场景模拟的方式，为企业可能面临的潜在破坏性事件构建解决方案。

总体来看，接受调研的企业普遍达到了很高的结构化可视水平（见图二）。企业大多采用常规网络映射、供应风险管理和网络模拟/优化/建模。在供应短缺期间，此类活动往往更频繁。一些受访高管表示，他们的企业仍在努力提高结构化可视能力，尤其是在材料供应或供应商选择方面。事实上，高管们表示，结构化可视未必适用于全部供应商群体，而可能仅限于某些供应商。

图二 受访企业的结构化可视水平

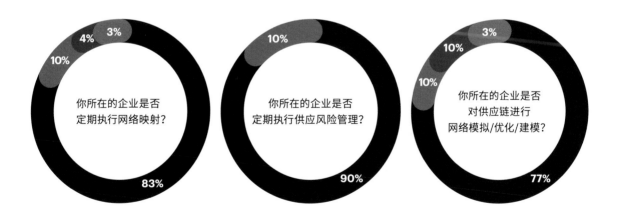

二、动态可视能力

如果将结构化可视能力比作企业某一特定时点或时期的X光静态射线图，那么动态可视能力更像是一个过程可视的视频，使企业能够实时监控和响应事件。通过供应链控制塔，企业构建起日渐成熟的动态可视能力，从而更有效地了解：

- 产品在整个供应链中的位置工厂和仓库如何运行。
- 中断何时何地发生。
- 中断的影响，以及如何影响。

重要的是，随着动态可视成熟度的提高，控制塔也越来越强调执行。这使企业能够针对显现的问题采取行动，或者在某些情况下，让控制塔本身自主采取行动。

供应链动态可视能力主要有四种类型：

（1）监控： 动态可视能力最基础的功能模块，包括收集和观察供应链性能及预警信号，理想情况下是实时的。监控的核心功能是控制塔（许多受访企业已经部署），接入来自供应商和物流服务商等关键合作伙伴的实时数据。控制塔通常包括第三方监控服务，或基于监控数据的分析提炼。

（2）预测： 基于监控获取的实时数据或预警信号，对供应链的潜在风险进行预判。通过控制塔监控收集的数据和基于数据形成的分析报告推测可能出现的潜在短缺风险，例如，预测哪些采购订单最有可能面临交付问题。

（3）预案： 借助实时供应链监控获取的风险信号，匹配一定的控制塔算法，对领导决策和行动方案提出建议，在较早的时间周期，最大限度降低短缺带来的影响。例如，动态调整运输中的供应能力：当某一条路线或者站点出现拥堵或中断时，及时匹配新的最优线路。

（4）自主执行： 最终，通过适当的能力，动态可视可以推动自主执行。在这个阶段，控制塔利用人工智能、机器学习和机器人流程自动化，可以独立地对实时供应链信号采取行动，以紧抓机会并最大限度地降低短缺的影响。

虽然企业对自身运营的结构化可视能力相对成熟（N级供应商可视性除外），但动态可视能力还处于萌芽阶段。例如，当涉及内部运营时（见图三），大多数受访企业表示自身在动态可视能力的前两个阶段（监控和预测）表现强劲。约40%的受访者表示在第三阶段（预案）同样表现优秀。外部事件也受到同样的关注：大多数企业对此类事件进行监控，并预测性地使用数据，但仅有一小部分企业能够根据预案有的放矢地利用数据。

图三 受访企业内部动态可视能力

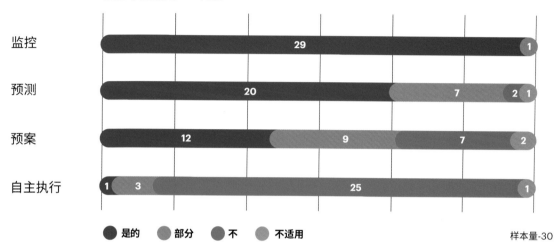

动态可视能力——内部

监控	29	1
预测	20	7 2 1
预案	12	9 7 2
自主执行	1 3	25 1

● 是的　　● 部分　　● 不　　● 不适用

样本量-30

我们在供应商和客户身上看到了类似的情况（见图四）。大多数企业监控供需，并预测性地使用数据，但有针对性地使用则不多。有些时候，对供应商进行的监测比对客户进行的要更全面、更深入。总体来看，高管们认为实现完全的外部可视性远比完全的内部可视性困难得多。

动态可视能力的第四阶段，即自主执行，还有很长的路要走。在我们的研究中，只有少数企业在有限的情况下或特定事件中做到了这一点，且主要针对内部运营、供应商和客户，尚没有企业反馈在应对外部事件时采用了自主执行。

图四 受访企业对客户和供应商动态可视能力

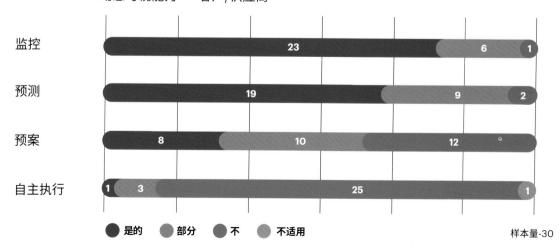

动态可视能力——客户/供应商

监控	23	6 1
预测	19	9 2
预案	8	10 12
自主执行	1 3	25 1

● 是的　　● 部分　　● 不　　● 不适用

样本量-30

帮助全球领先的技术供应商构建风险应对机制,实现从供应链被动"救火"到主动防范的华丽转身

一家全球一级技术供应商面临着巨大的挑战:受到微芯片短缺的影响,该公司面临材料供应风险,无法制造出足够的产品满足需求。鉴于问题的严重性及其战略影响,公司领导层意识到他们必须专注于组织的长期韧性,而不仅仅是解决当前危机。

该公司与埃森哲合作,首先对现有流程进行梳理,识别出潜在的改善方向;其后,拆解成品的材料结构,找出影响产出的关键供应商和材料清单;最后,则是确定需要解决的痛点优先级,以及可能辅助解决问题的工具。埃森哲帮助该公司综合分析了多种风险因素,并开发了涵盖不同类别的风险模块、关键控制点以及预警标签设置。该公司和埃森哲还合力打造了数字孪生能力,以提高对相互依存关系的可视性。

该公司目前正在与埃森哲合作,部署基于数字孪生虚拟供应链场景的压力测试。该测试着眼于多层级的端到端供应链,以进一步识别漏洞和风险,并基于风险预案,推测短缺出现的时间点和预计恢复的周期;压力测试的结果将为公司的后续战略和运营行动奠定基础,以降低供应链风险的影响。

帮助全球知名消费品企业打造端到端动态优化的数字化供应链,提高供应链敏捷性和客户服务水平

一家全球消费品生产商的需求预测准确率仅为56%~58%,真实订货满足率(CFR)约为85%,低于行业竞争对手10~13个百分点。企业受疫情影响面临销售额下滑的挑战,营销端的变革迫在眉睫,而变革将带来渠道的增加,以及从以分销为主的传统销售模式向关键客户直销模式、电商模式、D2C等模式的转变。这些变革对供应链的敏捷性提出了更高要求。构建数字化供应链既旨在解决现有订货满足率低的业务痛点,又着眼未来,力求为企业未来业务变革打好地基。

该公司与埃森哲合作,基于数字孪生和人工智能、机器学习等技术,打造端到端多目标多约束的数字化供应链的动态优化方案。通过合作,埃森哲帮助该企业建立了供应链多级预测模型,将提高需求预测的准确率;准实时动态感知需求变化,基于算法模型动态优化供应计划,在降低运营成本的同时,最大限度提高订货满足率;优化物流路径,降低运输成本并提高准时送货率;基于数字孪生的控制塔,提供准实时动态可视、风险提前预警、What-if行动建议的协同工作平台。端到端动态优化的数字化供应链,将为客户提供数字化支撑,从而提前掌握市场真实需求、提高订货满足率,并降低运营成本和增加销售额。该公司目前完成了蓝图规划和需求预测的详细设计,下一步将实施落地,项目建设完成后,预计需求预测准确率将提高13个百分点,CFR将提高12个百分点,每年有望为企业带来625万欧元的收益,4年预计将获得1600万美元的额外毛利收入。

由于中国拥有全球规模领先与数字化程度最高的消费者市场,该项目被该集团总部列为全球灯塔项目。

帮助国内领先的手机制造商搭建"一个计划"的统一作战能力，提高需求响应速度，实现供应链动态可视

某国内领先手机制造商出于自身卓越运营的要求，希望重构供应链计划能力，加强供应链可视和韧性，以实现线下渠道加速扩张，布局国际市场。基于此，其亟待解决前后端多个计划、预测偏差大、呆滞库存高、计划决策缺乏数据支撑等问题。该企业希望通过搭建数字化计划平台，构建从战略规划到运营执行的"一个计划"统一作战能力，快速响应市场需求的变化。

该公司与埃森哲合作，重新部署"一个计划"的统一作战能力，通过计划体系和流程搭建，实现分层分级计划体系和产销协同机制，以及执行层面计划与公司战略的高度统一。通过数字化计划平台建设，实现从多级渠道需求，到多工厂供应调配，再到多级供应商协同，端到端数据可视和集成，从而落地五大核心计划能力：①更高效的供需协同管理和分析；②不同约束情况下的快速供应计划；③复杂物料计划能力，避免出现冗余库存或缺货；④多场景下快速模拟、比较及辅助决策，快速响应业务变化；⑤动态供应网络部署和多工厂排程以支持海外业务扩展。该项目历时三年，通过整体供应链流程规划、计划平台搭建，提升了公司内外部服务水平，整个计划周期从原来的13天优化为7天；计划系统运行百万级物料清单、万级销售需求，整体运行时间在2小时左右；通过减少呆滞库存每年为公司节省近亿元；极大提高了整个公司对于外部市场需求的响应速度，为布局国际市场奠定了战略基础。

为帮助企业提高供应链韧性，埃森哲提出四点建议：

（1）可视能力带来韧性：我们的分析表明，可视性更成熟的企业能够更好地应对各种中断和供应短缺。

（2）恰到好处即可：追求整个供应链的完全可视性是没有必要的，在经济上也是行不通的。专注于真正重要的业务领域。

（3）结构化可视能力是必要竞争力因子：在数字孪生技术的帮助下，每家企业都应该具备网络映射、风险管理、网络评估和建模等能力，并可以利用高级分析技术实现端到端可视性和模拟，从而更上一层楼。

（4）发力动态可视能力，实现能力进阶：通过精密控制塔实现的预测可视性和自主执行力，是企业韧性最大化的关键。

供应链高管已充分认识到可视性对企业韧性的重要性，并将持续打造核心能力，以实现组织运营透明化。这也意味着企业有望解决成本过度、低效、冗余和库存过剩等难题，这些都可能损害企业的运营和财务绩效。借此，可视性将有力提升投资者和客户满意度，以及企业的盈利能力。◪

潘峥
埃森哲大中华区战略与咨询董事总经理、供应链与运营业务主管

蔡明翰
埃森哲大中华区战略与咨询供应链与运营业务总监

苏敏
埃森哲大中华区战略与咨询供应链与运营业务经理

业务垂询：accenture.direct.apc@accenture.com

提要: 云是企业面向未来的新运营模式，以满足持续变化的业务需求。企业可通过持续、无缝用云，充分释放上云潜力，成为"用云先锋"。

成为用云先锋，释放上云潜力

文 卡迪克·纳拉因、俞毅

对大多数企业而言，上云仍是一项颇具难度的挑战，他们的实际行动和上云的巨大机遇之间存在着显著落差，并未充分发挥出上云优势。

导致云迁移困难、进度缓慢的原因有很多（见图一）。不论是驾驭复杂的遗留系统，转变业务和运营模式，升级架构、应用和数据，还是重新培养员工技能，更新合规，无一不极具挑战性。同时，网络风险依然存在。许多企业依旧担心数据丢失或泄露，尤其当涉及员工和客户的数据迁移上云时，企业会变得更为敏感。

不仅如此，企业对上云的长期价值也普遍存在误解。有些企业将云视为成本更低的数据中心，有些企业则认为在云上应用下一代技术的不确定性太强，因此并不适合自己。

图一 企业上云的主要痛点

在云端扩大运营规模并非易事。主要挑战包括：管理复杂的云相关业务和运营变革，确定适合运营环境的安全级别，以及保持IT和业务之间协调一致等。这些挑战阻碍了企业迅速扩大用云规模。

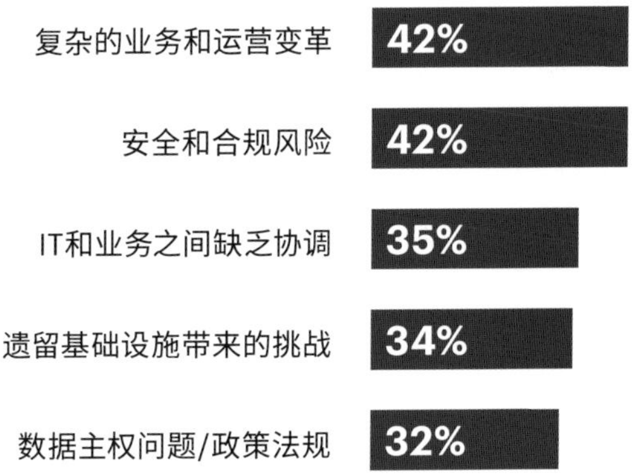

复杂的业务和运营变革	**42%**
安全和合规风险	**42%**
IT和业务之间缺乏协调	**35%**
遗留基础设施带来的挑战	**34%**
数据主权问题/政策法规	**32%**

认识用云先锋

不过，在埃森哲面向约4000位受访者的全球调研显示，只有12%~15%的受访企业在持续进行云投资后为企业带来了巨大增长，即便处于动荡的全球环境中，也获得了不菲的收益。

对这些企业而言，云既不像十年前那样只能提供按需计算、存储和网络服务，也不像五年前那样大多用于选择共享数据中心。他们认为，云是进行创新和构建全新面向未来运营方式的跳板，是将公有云到边缘云之间的所有能力集于一身的连续综合体。在5G和软件定义网络等下一代连接技术的动态支持下，无论云的所属（公有云、私有云、混合云）和位置（托管云、多云、边缘云），企业都可以实现持续、无缝用云（见图二）。

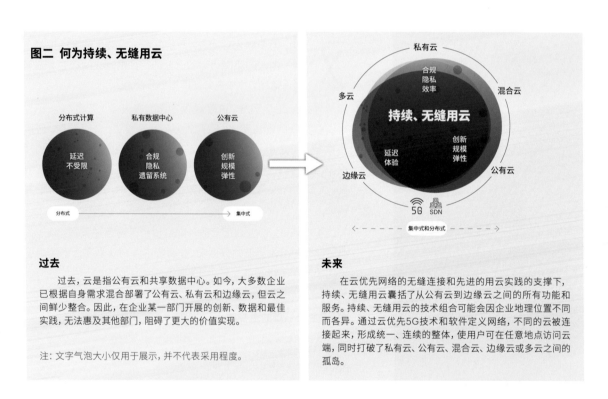

图二 何为持续、无缝用云

过去

过去，云是指公有云和共享数据中心。如今，大多数企业已根据自身需求混合部署了公有云、私有云和边缘云，但云之间鲜少整合。因此，在企业某一部门开展的创新、数据和最佳实践，无法惠及其他部门，阻碍了更大的价值实现。

注：文字气泡大小仅用于展示，并不代表采用程度。

未来

在云优先网络的无缝连接和先进的用云实践的支撑下，持续、无缝用云囊括了从公有云到边缘云之间的所有功能和服务。持续、无缝用云的技术组合可能会因企业地理位置不同而各异。通过云优先5G技术和软件定义网络，不同的云被连接起来，形成统一、连续的整体，使用户可在任意地点访问云端，同时打破了私有云、公有云、混合云、边缘云或多云之间的孤岛。

因此，这些企业将内部部署、云迁移，以及与云共成长、同创新的整个上云旅程也视为一个持续、无缝的进程。不仅如此，他们还将持续、无缝用云的愿景扩展至基础设施、网络和应用程序等整个技术堆栈。我们将这类企业统称为"用云先锋"。

用云先锋企业具备如下特征：

(1) 成功开展创新和知识型工作再造的可能性是其他企业的两到三倍。

(2) 与仅开展云迁移的企业相比，成本节约为前者的1.2倍（北美）至2.7倍（欧洲）。

(3) 利用云实现两个以上可持续发展目标的可能性是其他企业的三倍。

(4) 力图实现比同行高出50%的运营和财务目标，如增加客户数量、加快（产品）上市速度等。

成为用云先锋的四大关键

通过对用云先锋的用云理念和行为，以及对那些已经开始在云迁移基础上谋求更多发展的企业进行研究，我们从中发现了成为用云先锋、释放上云潜力的四大关键。

一、明确用云目标，愿景化为现实

为了充分发挥上云潜力，企业必须制定持续、无缝用云战略，妥善处理以下三大要务：

- 设立愿景，明确企业核心价值观和未来宏图。
- 识别自身的竞争弱点和劣势。
- 了解自身能力、当前状态以及未来发展方向，充分发挥持续、无缝用云的优势。

持续、无缝用云并非精通一项技术即可，而是要灵活、善用多项具有不同优缺点的技术组合。然而知易行难，全面了解持续、无缝用云的功能已不轻松，更不用说厘清其具体用法。随着云带来的可能性不断增加，企业必须把握轻重缓急，分清主次，协同、保障各部门朝着共同的方向前进。

用云先锋企业不仅在制定愿景方面一马当先，在行动和落地方面也遥遥领先。例如，在北美、亚洲和拉丁美洲，用云先锋企业不仅制定了更高的财务和运营目标，而且还更有可能实现高水平的技术应用。

西门子多云战略

得益于持续、无缝用云，西门子快速完成了工业4.0转型，成为一家先进的工业制造商。

西门子的工业4.0愿景是帮助工程和制造企业利用他们的工厂、设备和生产过程中产生的大量数据来提高运营效率。为了实现这一目标，西门子认为这些企业需要开启由自动化、边缘云和云计算驱动和赋能的数字化转型。由于这些企业使用的平台各不相同，因此实现跨平台互操作至关重要。

西门子采用了多云、最佳组合的方法，与多家云服务提供商合作，扩大了这些企业的平台选择范围；同时西门子还投资于云服务提供商的先进能力，以不断优化和改进制造流程。

五步玩转多云管理

对于企业来说，如何玩转多云管理，有效利用公有云、私有云、边缘计算等构成的动态连续的混合云环境至关重要。埃森哲认为，要找到最优基础设施战略，既能满足业务需求，又能有效管理复杂性，企业应关注以下五个重要方面：

1.选择合适的云底层框架（Landing Zone）

企业一旦明确了上云的业务优先次序，便需要打造相应的支撑架构。埃森哲创建了一套标准，帮助企业选择合适的目标环境，为每个应用程序选择最佳部署方式——我们将其称为"云底层框架"。按照客户需求定制的云配置方案，云底层框架可根据不同目的进行优化，并会随着时间的推移而不断演进。

2.构建最合适的混合架构

混合架构的打造应依次从技术、流程和人员开展，开发能够涵盖所有云底层框架的集成层，统筹并整合各项流程，最后通过自行开发或收购，获得设计、运营和优化等技能，并在整个企业内部加以整合。企业如能在上述三个层面进行集成，就能对价格、性能和业务需求进行动态优化，以契合战略业务目标。

3.打造云控制台（Continuum Control Plane）

完成前述两项决策之后，企业应该打造云控制台，对所有云底层框架及多云环境进行统一管理。云控制台拥有一套完整的方法论，包括工具堆栈和流程，用以管理云的使用、协调变化、推动创新。它还支持开发人员和运营人员依托新的平台和自动化技术，整合新的流程和集成化工具，从而对常见任务和工作流进行大规模自动化，且不受地理位置的限制。云控制台可为企业提供快速创新的方法与规范。企业通过采用自动化技术和自助服务，全面保护、运行和管理混合多云资产以保证运营稳定性；同时跨私有云和公有云提供商开展优化，并持续推动创新保证企业的敏捷性。

4.规划最佳路线图和迁移次序

下一步，企业需要决定如何向优化后的云底层框架进行迁移。由于许多云底层框架会不断演进，企业需要为应用程序制订长期的迁移计划，分步骤进行。

企业或需要统筹考虑相互关联的应用程序；或从成本效益角度出发，重新思考业务流程。此外，企业还必须重视运营模式，并思考以下问题：如何从横向水平管理向以服务为导向的垂直管理转变？是否要引入"开发、安全、运维"（DevSecOps）模式？使用到何种程度？需要哪些技能和人才？如何组建全栈管理团队？

5.实施持续创新计划

达到目标状态以后，企业还可以继续利用私有云和公有云提供商的创新成果。这意味着，企业需要持续不断地再造基础设施，以适应新技术的引入、业务需要和战略目标的转变。

"目标状态"并不是由技术说了算，而是取决于企业流程的韧性，以及员工用云过程中培养出来的与时俱进的适应能力。云控制台是企业演进的坚实基础，每次引入新的云服务时，企业不必反复对基础设施进行再造。

二、以实践增强技术应用，以敏捷助力企业发展

如今，全球约三分之一的工作负载都已上云。云迁移后便坐收其利，并非真正的制胜之道。企业还应将技术应用与用云实践相结合，将技术革新的速度也带到非技术领域的变革中。否则，企业将在促进业务增长、提高营收和推动创新等诸多领域落后于竞争对手。

用云先锋企业在这方面的表现可圈可点。为了推动先进技术的应用，其在六大实践中至少开展了四项实践（见图三），采用的技术种类也比其他企业多25%~80%（具体行业和地区略有差异），并因此实现了更高的效益。

此外，用云先锋企业区别于后进企业的关键还在于其对敏捷性的高度重视。敏捷性是成为用云先锋企业的关键。它不仅是我们分析的六大实践之一，更是其他五大实践的基石。如果能够将敏捷性融入新流程开发，那么这些新流程将在未来为企业带来更高的敏捷性，从而为转型释放更多的财力和人力。

图三 领先实践，制胜云端

企业应积极开展六大实践，增强持续、无缝用云的能力。

当前实践	用云先锋实践—— 先进的云实践赋能持续革新
敏捷性断裂： 仅部分业务具有敏捷性，其他仍面临瓶颈	**提高敏捷性：** 加快未来产品和服务上市速度
瀑布式目标： 采用瀑布式IT资产管理方法，鲜有重大改变	**持续性目标：** 持续进行调整，而非偶尔为之
未优先使用云技术： 仅在开发新应用时使用云，核心应用仍是传统开发方式	**云优先应用：** 云成为开发者的默认选择
临时性人才战略： 在数字化转型中，战术性地使用云填补空白	**人才转型：** 不断加快转型
IT运行保守： 维持常规操作，无新模式出现	**IT实验：** 坚持提升体验
规模僵化： 服务器从未得到充分利用，或超负荷	**培养规模意识：** 预测新一代"云—人工智能"服务的驱动力量

敏捷性升级：星巴克将实践与技术完美融合

凭借锐意进取的心态，以及对卓越体验和个性化的高度重视，星巴克在敏捷性方面获得高分并不足为奇。多年来，星巴克的大部分业务都已做好了上云准备，因此，即便面临各种经济和社会不确定性，星巴克依然可以凭借强大的云端优势，不断创新和发展。

1. 持续性目标

云能助力企业收集增量反馈，不断调整目标，实现效益最大化。星巴克利用云，使业务部门与持续发展创新的IT部门保持一致、并肩而战。

2. 云优先应用

星巴克借助微软Azure云基础设施，创建了Deep Brew人工智能商品推荐平台，并不断进行改进和迭代。该平台每周为超过1亿顾客提供服务，在常规门店和得来速餐厅提供个性化消费推荐，将每份菜单变为云赋能的智能边缘设备。

3. 人才转型

云技术可以提高工作效率。目前，星巴克正在加紧测试用于抬头点餐的NLP技术，以便咖啡师与顾客能够保持眼神交流。人工智能驱动的浓缩咖啡机，使得咖啡师可以专注于咖啡制作；而咖啡机的预测性维护功能，则有助于减少宕机时间，便于机器维修。

4. IT实验

星巴克对实验精神的贯彻，从其推动创客马拉松的应用开发、快速产出更多创意的尝试中可见一斑，其硕果包括通过区块链为客户和供应商实现从咖啡豆到咖啡的数字溯源。

5. 培养规模意识

培养规模意识是在云端追求极致、进行技术改良的实践之一。企业不仅要了解自身在计算、性能、延迟方面的局限，还要学会如何通过持续、无缝用云解决这些问题。

星巴克服务遍及全球80个市场，拥有门店超过3万家，不仅需要对现有算力有清晰的认识，还要实时洞悉这些算力能否支撑其在不同地区提供下一代产品和服务。为此，星巴克与微软展开合作，将新款咖啡的数据即时更新到全球各地的浓缩咖啡机上。

三、加速创新，打造非凡体验

埃森哲研究发现，用云先锋企业将以人为本的设计和基于云的技术相结合，重塑体验，并在整个企业范围内推广。具体包括：产品和服务、员工体验以及交付模式。

对用云先锋而言，只有通过持续、无缝用云，方能实现以体验为中心的业务重构，为企业带来差异化的竞争优势。同时，用云先锋还跟员工和客户分享企业的投资状况。

实际上，用云先锋企业对云的使用远远超出了客户和员工触点优化的传统领域，更着力于创新，打造非凡体验。

丝芙兰数字美妆新体验

卓越体验是美妆零售商丝芙兰（Sephora）一贯奉行的哲学。目前，丝芙兰应用程序和实体店均已采用大量人工智能技术，为客户（尤其是那些年轻客户群）带来独具魅力的无缝购物体验。

丝芙兰AR试妆App"试妆魔镜"：丝芙兰与人工智能和增强现实应用程序供应商

ModiFace合作，在其应用程序和店内同步推出3D增强现实试妆镜，顾客可以在线上以及门店虚拟试妆。

Color IQ：用设备扫描顾客皮肤，并生成对应的肤色IQ编号，从而科学精准地匹配粉底颜色，其中包含了那些通常很难找到合适粉底的肤色。

丝芙兰还对企业内部的工作进行了重新部署，将数字零售和实体零售团队合并。如今，丝芙兰不仅能够全方位地了解顾客，还能更好地利用人工智能，对顾客进行有针对性的销售。[1,2]

四、制定持续性战略

云的潜能是巨大的。它不仅为企业创造了更多机遇和无限可能，还带来了天马行空的思维方式。同时，它也会使企业陷入选择过多而不知所措的窘境，甚至忧心于如何才能将这些选择与企业当前及未来的目标巧妙融合。

因此，对于企业领导者而言，如何在远大的用云目标与战略要务之间取得平衡，始终保持专注十分重要。领导者需要设立业务目标和可承受的风险水平，并倡导以敏捷性和增长为导向的企业文化。

然而，在实践中，无论是做预算时的心态、业务与IT部门的互动方式、风险和激励措施、成功的衡量标准，还是项目思维与产品思维的博弈，都有可能带来各种复杂问题。因此，企业必须要自上而下地展开动员，使项目尽可能清晰明了，重点突出。

此外，领导者还要在企业内部大力开展与云相关的教育和推广，让所有人都对云的潜力和最佳实践有所了解。只有当更多持不同观点和技能的人才参与对话时，更多的可能性才会涌现。企业领导者需

要意识到加强IT部门的知情权和问责制，有助于解决业务难题，提高企业的盈利能力。

案例研究

BHI营造积极工作氛围

作为一家建筑企业，BHI在借助谷歌云进行转型的同时，也成功转变了自身的企业文化。BHI的员工对谷歌云和AppSheet青睐有加，他们会经常思考如何进一步有效利用这些工具。通过数字化转型，BHI员工不仅提升了个人能力，而且还凭借自身所掌握的技术不断尝试、探索创新解决方案。

AppSheet是无代码平台，与传统平台相比，学习如何通过AppSheet创建和维护应用程序将更加简单。因此，在不到两年的时间里，BHI建立并部署了超过115款AppSheet应用程序。通过这种内部无代码应用开发，BHI实现了软件的自给自足，减少了对第三方软件产品的依赖，IT支出节省了10%。[3]

企业若想进化为用云先锋，首先需要了解持续、无缝用云的潜力和能量。与此同时，企业领导者还必须在整个企业范围内灌输和推行云优先的文化。只有转变心态，解放思想，革新工作方式，充分释放云潜力，企业方能满足客户期望、保留顶尖人才并持续获得丰厚回报。

▼

卡迪克·纳拉因
埃森哲云优先业务全球总裁

俞毅
埃森哲大中华区企业技术创新事业部总裁

业务垂询：accenture.direct.apc@accenture.com

1. 丝芙兰与人工智能：美容业的未来前景，2018年11月14日，https://digital.hbs.edu/platform-rctom/submission/sephora-andartificial-intelligencewhat-does-the-future-of-beauty-look-like/。

2. 丝芙兰如何构建美容帝国，安然度过零售业浩劫，2018年5月16日，https://www.cbinsights.com/research/report/sephora-teardown/。

3. BHI公司：利用谷歌Workspace和AppSheet实现工作环境转型，https://workspace.google.com/customers/bhi.html。

技术推动可持续：
双擎驱动，融合发展

文 杜保洛、彭莱、桑杰·波德、沙拉博·库玛·辛格、于雅

提要: 在数字经济的大背景下, 可持续发展的背后离不开企业的技术创新和数字化发展, 企业应深入减碳每一个核心场景, 探索绿色可持续发展之路, 推动中国经济高质量发展再次迈上新台阶。

可持续发展将成为新的"数字化", 是企业的必然选择。拥有可持续基因的组织通常鼓励员工和合作伙伴实现持久和良好的财务绩效, 同时注重社会价值的创造, 从而与社会各界建立起信任关系。

二十大报告提出, 积极稳妥推进碳达峰碳中和, 立足我国能源资源禀赋, 坚持先立后破, 有计划分步骤实施碳达峰行动, 深入推进能源革命, 加强煤炭清洁高效利用, 加快规划建设新型能源体系, 积极参与应对气候变化全球治理。实践表明, 中国企业在坚定可持续发展目标的同时, 需要科学有序实施"双碳"行动, 促进经济社会绿色转型可持续发展。

埃森哲诸多研究表明, 可持续基因强大的企业, 在面对未来时更具韧性。埃森哲研究分析的全球4000家企业中, 排名前四分之一企业的EBITDA Margin (息税折旧摊销前利润率) 比排名后四分之一的企业高21% (+3.4个百分点), 可持续性表现高了21% (+9.2分)。[1] 这说明有可持续性基因的企业实现财务目标的能力更强, 并能对社会和环境产生持久的积极的影响 (见图一)。

图一 具有强大可持续基因的企业更有可能实现财务目标

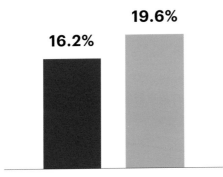
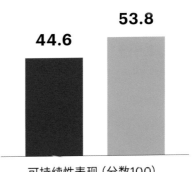

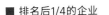

EBITDA Margin (息税折旧摊销前利润率)
2017—2020年

可持续性表现 (分数100)

■ 排名后1/4的企业　　■ 排名前1/4的企业

资料来源: 埃森哲研究; Abrabesque S-Ray; S&P Capital IQ。
分析的全球公司数量=4000。

---

1. 《塑造可持续的组织》, 埃森哲官网。

埃森哲的另一研究表明，相比可持续领先或者技术领先的企业来说，成为领军者的可能是"双擎变革者"，他们更有可能在可持续和数字技术的融合中发现新的价值，他们成为领军者的可能性是同行的2.5倍（见图二）。

当前，技术已成为企业及其供应链、客户和广泛的商业生态系统实现可持续发展的第一推动力，并将继续发挥这一作用。在埃森哲调研中，92%的受访企业计划到2030年达成净零排放目标。

没有一家企业可以仅凭一己之力，就破解全球可持续性挑战并产生广泛影响。为了实现联合国可持续发展目标（SDG），我们需要建立互联互通的生态系统，使现有的各大企业、创业公司、非营利机构、学术界和公共部门能够群策群力。技术则将是规模化解决此类复杂问题的关键要素。

图二 "双擎变革者"更有可能成为未来的领军者

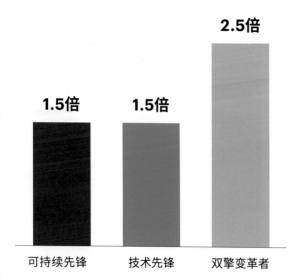

资料来源：埃森哲研究；埃森哲CEO调研。
调研的全球公司数量=4050。

制定可持续发展战略，释放业务"新价值"

目前，很多企业已着手试点和推广各种应用，借助技术推动可持续发展。但是充分发掘可持续技术战略的业务价值仍然充满挑战。

中国企业同样面临着"从目标到行动"落地难的问题。根据埃森哲多年开展的中国数字化转型指数研究显示，很多企业原有的系统、流程落后。兼具业务能力、全局观、数字化理念和技能的人才极为欠缺，导致企业缺乏相应的能力，数字化难以深入。数据基础薄弱，数字化转型底座不牢，且短期难以建立成为企业向可持续发展迈进的障碍。

此外，在新的数字化征程中，面对技术的快速迭代，如何评估技术的先进性和成熟度，如何在发现技术带来的创新价值的同时，保护隐私和数据安全，构建合规风险运营体系也是中国企业打造数字安全的"刚需"。

由于目标到行动无法顺利落地，一些企业不得不在业务和可持续发展目标之间做出权衡取舍。而已经制定整体可持续技术战略的企业，则可减少或避免这种权衡。

企业制定了可持续发展战略，各部门高管便能借助技术，对各领域的具体工作进行赋能：

- 首席财务官（CFO）能获得所需的数据和评估工具，向投资者报告可持续发展目标的完成进度。

- 首席营销官（CMO）负责品牌的可持续发展重新定位，可利用技术帮助消费者选择可持续的产品和服务。

- 首席人力资源官（CHRO）以此提高员工技能并开展技能再培训，同时改进组织的包容性和多元化。

- 首席运营官（COO）和首席供应链官（CSCO）将依靠技术手段，跟踪并减少运营活动和供应链中的碳排放。

鉴于技术在可持续发展转型中的关键作用，首席信息官（CIO）将成为各部门共同行动的统筹者，并应在可持续发展决策中占据关键席位。我们对560家营收超10亿美元的企业进行了可持续技术调研。结果显示，多数企业的现状并非如此：只有49%的调研受访CIO进入了制定可持续发展目标的领导团队，而接受了可持续发展达标评估的仅为45%。

企业应如何抓住机遇，充分发掘可持续技术综合战略的潜力？CIO需要确保其他各部门高管共同努力，并以技术为变革催化剂，通过制定卓有成效的可持续技术战略来加速转型。

为此，埃森哲利用相关调研结果开发了一套"可持续技术指数"，用以衡量企业在上述三大维度中的表现。分析显示，在0到1的评分范围内，处于中位数0.45上下的"中游"企业数量较多。这表明在实现可持续技术战略的全维度上，多数企业仍任重而道远。我们调研所覆盖的企业中，约60%得分在0.3至0.5之间。

尽管面临重重挑战，但仍有约半数受访企业通过改善财务指标、ESG目标、客户体验、创新、软件质量或招聘能力等方式，成功收获了可持续技术投资回报（见图三）。

图三　可持续技术如何创造价值

增长

48% 的受访企业表示，以技术为主导的可持续发展举措可通过完善产品实现增收。

创新

49% 的受访企业表示，以技术为主导的可持续发展举措有助于创造新的收入来源。

客户体验

49% 的受访企业表示，可持续技术对于提升客户体验不可或缺。

人才

49% 的受访企业表示，致力于实现可持续发展是吸引软件工程师和技术人才加盟的重要因素。

软件

44% 的受访企业表示，注重可持续发展原则有助于开发质量更高的软件。

ESG目标

53% 的受访企业表示，投资发展可持续技术能够为实现ESG目标起到巨大促进作用。

尽管这一开局不错，但目前鲜有企业能在上述多重领域取得经营效益——大多数企业表示只在其中一个方面有所斩获。

埃森哲建议，以CIO为核心的企业高管团队需要切实开展以下三项要务，驱动业务增长和ESG绩效提升。

一、技术赋能，积极帮助CEO推进主营业务和可持续性双提升

为了力争到2030年实现净零排放目标，大多数企业希望将可持续性作为整个供应链的基本组成，减少碳排放，同时有效确保"负责任"的采购，并以

此进行品牌建设。此外，企业还希望能向利益相关方，尤其是投资者们报告自身在该领域取得的所有成绩。在实现上述目标的进程中，技术将从五个关键领域为可持续发展赋能。

1.碳智能加速净零战略

人工智能、云计算、区块链、大数据分析工具、物联网等各种技术均可在碳减排方面发挥作用。其中，人工智能发挥了重要作用。埃森哲可持续技术调研显示，在成功减少生产和运营活动碳排放的企业中，70%都使用了人工智能技术（见图四）。

例如，埃森哲帮助某国际建材公司推出了一款业内首创的应用程序，依托机器学习技术，在生产过程中实时预测水泥强度。这款应用通过数据驱动型决策，在不增加消费者成本的前提下实现了环保水泥的生产。此举不仅使这家建材公司的每家工厂减少二氧化碳排放量1.3万吨（总减排量300万吨），而且所有工厂合计节约成本高达1.5亿美元。

图四 企业针对特定目标利用各种技术实现减排

企业占比 (%)

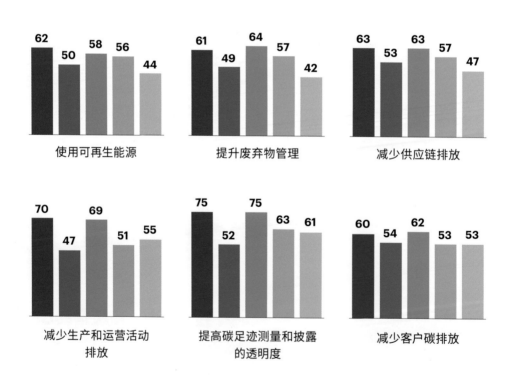

案例研究

远景能源：鄂尔多斯零碳产业园

在中国，零碳产业园作为零碳发展模式的积极探索，从规划建设、协调运营到管理监督，需要全方位系统性融入零碳理念，是复杂的系统性工程，同时对实现区域范围全生命周期碳中和也有重要的示范意义。

以远景鄂尔多斯产业园为例，鄂尔多斯是中国煤都，人均GDP虽位列全国首位，但工业高度依赖煤炭资源，处于"双碳"战略下转型的关键窗口期。鄂尔多斯同时拥有丰富的新能源资源，如何将丰富的绿色资源转化为高质量发展动力，成为鄂尔多斯当下发展的关键。

2022年4月，作为全球首个零碳产业园——远景鄂尔多斯零碳产业园一期项目建成投产。该产业园基于"新型电力系统""零碳数字操作系统"和"绿色新工业集群"三大创新支柱打造。

通过智能物联网源荷互动控制系统和基于绿氢的零碳能源岛，园区80%能源由本地的风电、光伏直供，20%与电网交易，实现100%绿色零碳能源供给。入园企业电价低于自治区工商业标准电价。

基于远景EnOS™智能物联操作系统和远景方舟能碳管理平台打造的零碳数字认证体系，赋予园区内产品可追踪溯源、符合各类国际标准、经过权威机构认证的"零碳绿码"。

此外，通过布局新能源电池、新能源汽车、新能源装备三大绿色产业集群，产业园还打造了千亿级零碳新工业体系。预计到2025年将助力当地实现3000亿元绿色新工业产值，创造10万个绿色高科技岗位，实现1亿吨二氧化碳年减排的目标。[2]

从提高运营效率入手是一个很好的切入口，若要通过净零排放转型引领气候行动，则需要构建更全面的战略——纳入将全球气温升幅控制在1.5摄氏度以内的多种方法，包括碳减排、碳抵消、政策构建和绿色融资等。

2.构建负责任的价值链

目前，供应链占到了全球总排放量的60%。埃森哲研究发现，49%的首席执行官（CEO）尤为关注极端气候事件导致的供应链中断。[3]然而，现代供应链的相互关联性使数据采集变得极具挑战。

63%的受访CEO表示，测量价值链的ESG数据难度很大，阻碍了其所在行业的可持续发展。

数字孪生技术将数据和智能大规模地加以融合，创建涵盖产品和流程的虚拟化镜像世界，从而能够有力地支持企业构建更具可持续性的供应链。同时，数字孪生支持大规模的运行模拟演练，助力企业打造负责任的供应链。[4]

例如，全球领先的医药健康企业赛诺菲（Sinofi）在美国的弗雷明汉工厂正通过实时数据采集，构建数字孪生来优化生产流程。最终，该厂的工业流程比传统工厂效率高出80倍，每年得以减少80%的能耗和碳排放、91%的水足迹，以及94%的化学品消耗。[5]

---

2. 埃森哲携手远景集团发布《中国发电企业碳中和数字转型白皮书》，2022年，埃森哲。

3. 克里斯·提莫曼斯：《供应链如何实现净零排放》，2021年1月6日，埃森哲。

4. 桑杰·波德、莎拉布·库玛尔·辛格，《技术+可持续发展=领导力》，2021年4月12日，埃森哲技术创新服务。

5.《未来工厂》，2020年4月8日，赛诺菲官网。

同时，豪华汽车品牌保时捷（Porsche）与初创公司Circularise携手，为整条供应链创建数字孪生系统，以实现塑料制品的可追溯性并跟踪监测可持续发展指标，同时还能对未来车辆生产和报废回收方式的提供决策依据。[6]

区块链技术还可以帮助企业提高全球供应链透明度和可追溯性。目前，区块链正日益应用于ESG报告，帮助消费者验证企业有关保护资源和环境友好的声明。例如，万事达公司（Mastercard）的Provenance解决方案利用区块链提供实时可追溯性，通过共享记录增强供应链各方的责任和信任。[7]

3.为客户提供可持续消费体验

虽然企业的可持续性生产是首要的切入点，但各行各业的组织都发现，他们在环境或其他方面遇到的最大挑战实则源于下游的消费端。企业无法强迫客户进行购买。事实上，由于人们的良好意愿和实际行为之间也存在"目标和行动"脱节的问题，因此人们不禁质疑可持续型的绿色消费拐点是否还会到来。[8]

为此，各品牌需要主动带头弥合"目标与行动"间的差距，在唤醒客户绿色消费意识的同时，降低客户的试错成本。具体措施包括：鼓励提倡绿色消费，使其成为购买时的本能反应；突出展示产品和服务的"绿色性能"；以及为消费者推荐更多绿色产品供其比较、选择。

此时，技术可再次发挥关键作用。例如，李维斯公司（Levi Strauss & Co.）发起了"买得好，才能穿更久"（Buy Better, Wear Longer）的活动，将经营模式从传统的"产啥卖啥"（sell-what-you-make）转变为"卖啥产啥"（make-what-you-sell）。[9] 作为

这项倡议的一部分，李维斯鼓励顾客通过二手电商平台SecondHand来交易闲置衣物。顾客可以用旧牛仔裤换取礼品卡，然后公司再将旧牛仔裤作为特色产品转售给其他顾客。李维斯估计，购买二手牛仔裤可减少80%的碳排放。如果衣服太旧，便会加工成建筑保温材料。

人工智能还助力李维斯增强客户偏好预测，更准确地使生产与需求保持一致，减产能过剩，降低库存。同时，公司借助最新数字采样技术，减少了样品数量。除此以外，Levi's®品牌还加入了"时尚向善"（Fashion for Good）行动计划，助力扩大技术解决方案应用规模，实现行业转型。[10] 当前"获取—制造—废弃"的资源利用模式，导致服装行业的温室气体排放占到全球排放总量的7%左右。[11] 该行业迫切需要走上资源循环利用和再生之路，而李维斯公司正在为产业转型贡献力量。

简而言之，李维斯选择了主动出击，而不是"坐等"消费者转变观念。在此过程中，该公司还在不断引导消费者慎重地做出购买决定。

4.参照ESG目标衡量和优化运营

如今，大多数企业已充分认识到ESG指标的重要性，而人工智能等技术则可助其一臂之力。埃森哲可持续技术调研发现，61%的受访企业提高了碳足迹测量和披露的透明度，其中75%的企业使用了人工智能技术。

但在取得进步的同时，ESG指标本身仍有明显的提升空间。在近期另一项埃森哲调研中，近一半的受访企业表示不知道应该设定哪些ESG关键绩效指标，同时也不清楚该用哪些数据来衡量这些指标。[12] 同时，仅有26%的受访企业拥有可视化的数据

---

6. 斯蒂芬·摩尔，《保时捷通过合作实现塑料可追溯性》，2020年11月10日，Plastics Today网站。

7. 万事达卡官网。

8. 埃森哲，《查看现实》，2021年。

9. 杰夫·霍格，《我们需要讨论有意识的消费》，2021年6月2日，李维斯公司。

10. Fashion For Good官网。

11. 李维斯二手牛仔产品回收计划，2020年，李维斯官网。

12. 《衡量可持续性，创造价值》，2022年，埃森哲官网。

来进行自身的ESG关键绩效指标评估，而70%的受访企业还在用传统人工方式或半自动流程进行ESG管理。[13]

那么，转型的第一步该怎么走？首先，要想确立ESG关键绩效指标并进行有效报告，企业需深入了解利益相关方最关心的问题。他们必须能够根据相关数据和洞见做出合理决策。接下来，企业应通过ESG测量获取精细化洞见，促进采取切实行动。

5.塑造有可持续基因的组织

企业应在整个组织范围内推行可持续发展，这意味着将可持续性嵌入自身"基因"当中，进而与盈利能力和ESG绩效密切联系在一起。[14] 许多行动都在塑造和影响企业的可持续发展"基因"，包括在企业内部倡导包容性、多元化和平等性；培育学习型文化；以及在避免引发副作用的前提下，利用新兴技术解决问题。

与此同时，员工也希望具备创造可持续解决方案的力量。技术的日益普及为他们赋予了行动能力，可利用自然语言处理、无代码/低代码程序编写，以及机器人流程自动化（RPA）等工具组件来解决各种问题。而所有这一切均有助于将可持续发展无缝融入组织结构中。[15]

因为新冠疫情，企业纷纷开始合理规划办公空间、减少员工通勤带来的污染和能耗。向混合型办公模式的转变，有助于企业加快实现可持续发展目标。这种大规模员工团队转型很可能会延续下去。事实上，埃森哲可持续发展调研显示，51%的受访企业计划采取混合办公或居家办公模式。其中的50%认为此举将更有益于环境，43%则相信，这将帮助他们更快地达成可持续发展目标。

二、身体力行，通过技术创新履行可持续发展使命

技术早已融入我们生活的方方面面，在速度、便利性和连通性方面更是带来了巨大的经济效益。然而，全球人口产生的数据量和能耗与日俱增，又将引发新的问题。

随着上网人数和技术使用的增加，IT行业的碳排放量不断上升。据估计，信息和通信技术（ICT）行业在全球碳足迹中所占份额已从2007年的1.5%扩大到目前的4%，并将于2040年达到14%。[16] 虽然确切数字仍有待考证，但整体向上趋势清晰可见。随着人工智能、区块链等能源密集型技术的日益推广应用，预计该趋势还将进一步提速。[17]

若不加以控制，迅猛增长的数据和能耗很可能加剧碳排增长。伴随这一严峻挑战，人们开始担忧技术对ESG的其他潜在影响：技术或许会给社会带来意想不到的负面结果，包括AI系统做出的片面决策将加剧不平等状况。

因此，在上述因素的共同作用下，CIO必须切实发挥自身作用，让技术更加"可持续"。为此，埃森哲建议从以下三个方面入手，提升技术本身的可持续性。

1.以净零思维拥抱绿色软件

埃森哲早前提出，虽然软件推动了旨在应对环境挑战的智能解决方案，但企业同样应将软件本身作为可持续发展战略必要的组成部分。[18]

事实上，软件已成为所有技术的核心。企业需要调整软件的设计、开发、部署和使用方式，以尽量减少其碳足迹。软件的运行依托于硬件，因此软件

---

13. 同12。
14. 《塑造可持续的组织》，2022年，埃森哲官网。
15. 桑杰·波德、莎拉布·库玛尔·辛格，《技术+可持续发展=领导力》，2021年4月12日，埃森哲技术创新服务。
16. L·贝尔克（L. Belkhir）和A·埃尔梅利吉（A. Elmeligi），《评估信息通信技术的全球排放足迹：到2040年的趋势及建议》，2018年，*Journal of Cleaner Production*，第177期，448-463页。
17. 同16。
18. 桑杰·波德、亚当·博登，莎拉布·库玛尔·辛格，雷吉娜·马鲁卡，《你的软件有多环保》，2020年9月18日，哈佛商业评论。

使用的增加，必将提高运行相关软件的机器和设备的碳排放。对此，绿色软件实践可通过多种方式降低能耗，例如，建立可持续的软件开发生命周期、确保用户体验的可持续性、进一步推动绿色人工智能和数据实践，以及可持续地管理软件运行所处的物理层。

此外，埃森哲还确立了与绿色软件相关的七大重点领域（见图五）。

2.打造包容可信的系统

可持续发展的环境因素非常重要，但它们并非唯一重要的问题。企业必须让信任成为其商业模式和竞争优势的基本要素。

为做到全面兼顾，可持续技术战略还需考虑技术对人类和社会的影响，以及转而对企业绩效的影响。若信任问题得不到妥善解决，不仅会破坏企业广泛的ESG战略，更会严重降低企业可信度，最终影响股东价值。而在隐私、公平、透明、稳健和无障碍等五大领域实现互信，对技术系统尤为重要。

3.建立正确的治理机制

在企业评估软件的工作原理和使用方法时，可持续发展实践仍然只是后置的补充想法。企业需要做的是积极主动地制定双擎战略，在新技术开发或采用时就考虑可持续因素，规避可能带来的负面效应。

图五 绿色软件框架

	影响领域	绿色软件实践	相关知识
1	绿色 **软件开发生命周期**	从选择平台、语言编程一直到设计软件架构和开发运营，在整个软件开发生命周期采用**节能和环保做法**，以实现节能减排，开发**碳效益更高的软件。**	解释型语言的能耗比半编译型语言高10倍，比编译型语言高48倍。
2	绿色 **用户界面/用户体验**	推动打造**可高效访问**且**用户友好的数字体验，**通过更加简易的导航减少屏幕使用时间，进而减少排放；通过选择屏幕颜色、评估屏幕处理能力，以及压缩内容和图像来**优化性能**。	通过修改用户界面支持夜间模式，应用程序可将用户界面的碳排放减少60%。
3	绿色 **人工智能**	根据使用模式的临界状态，评估人工智能/机器学习模型能效与准确率之间的**权衡取舍。**针对不同任务，改变现有模型用途（亦称"**迁移学习**"），可进一步降低能耗和时间投入，进而减少排放。	在负责任的目标准确性下，机器学习模型的碳排放可减少80%。
4	绿色 **云端和数据中心**	鼓励数据中心向**云端迁移**，采取适当的托管和云端绿色应用开发，以改善硬件和提高能效；进一步评估**边缘计算**（天然低能耗技术）的**部署情况**，在靠近设备或终端用户处存储和使用数据。	将谷歌云平台（GCP）的云机房位置从亚洲东部迁移到欧洲北部，该项目可减少66%的碳排放。
5	绿色 **数据**	通过消除存储浪费、压缩数据、有效利用网络和数据传输，专注于数据全生命周期的高效**数据处理**，提高工作负载管理效率，有助于减少生态系统的暗数据并降低排放。	绿色数据管理有助降低"暗数据"的传输和存储成本。"暗数据"在全部数据中的占比为70%~90%。
6	绿色 **分布式账本技术** **（DLT）**	采用节能型**DLT算法和绿色区块链设计原则，**包括有关网络节点数量、交易数据大小、压缩策略、数据存储、计算和网络基础设施的决策。	分布式共识算法、网络设计、提高交易频率等，均能对碳排放产生巨大影响。
7	绿色 **基础设施**	**通过考量**与制造和设备报废相关的**使用排放和生命周期排放，**推动减少IT基础设施**（包括终端用户设备、网络组件和数据中心等）**的环境影响。鼓励进行负责任的采购和设备报废管理。	目前，只有17%的电子垃圾得到妥善回收。大多数企业的硬件回收率不到10%。

做到这点的关键在于，实现技术的可持续发展需建立明确的治理结构，定义相关原则、做法和衡量标准，以消除惰性以及相互冲突的重点事项，并由高层牵头，在整个企业中开展全员培训来予以支持。

三、利用数字化优势，建立和发展生态合作

独行快，众行远。面对全球可持续发展风险与挑战，没有任何企业能独善其身。要想继续推动联合国可持续发展进程（SDG），所有企业、创业公司、非营利机构、学术界和公共部门必须群策群力，树立利益共同体和命运共同体的意识，深入思考自身对技术的使用，并开展联合行动。

生态系统的网络延伸和互联性，将对技术应用方式发生变革，并由此大规模推动可持续发展。从测量和分析碳足迹开始，一直到用创新方案实现优质可靠的数据提取、整合、透明和可审计性，通过降低当前节能减碳的难度，技术有助于大规模削减碳排。要实现这点，企业必须跨界联合，使整个价值链脱碳。

与政府组织、政策制定者以及国际可持续发展准则理事会（International Sustainability Standards Board）等市场机构持续协调行动，对于促进标准化、引入法规和建立意识至关重要。企业需与创业公司和非营利机构合作，共同采集数据，并在最后一公里，对农民、矿工、林务员直至消费者产生广泛影响。

如今，企业已纷纷意识到生态系统的重要作用。事实上，埃森哲调研显示，43%的受访企业正在加入注重生态友好型技术的行业合作、联盟和宣传团体。以跨行业联盟——麻省理工学院气候与可持续发展联盟（MIT ClimateT andT Sustainability Consortium）为例，该组织正加速开发可持续发展问题解决方案，其核心目标包括：削减成本、降低可持续技术和工艺使用门槛，以及加快淘汰碳密集型技术。

这些都是朝着正确方向采取的重要举措。但要规模化推进可持续发展，还需强化各方关注力和技术标准化。利益相关方也应清楚了解如何从参与广泛可持续发展倡议中获益。我们需从根本上重塑技术对人类行为变化的助力，反思资源的生产和消费方式，并为推进可持续发展重建整个产业集群，以确保实现可持续发展目标。

技术战略：被动响应，还是未雨绸缪

离开技术，我们便无法将可持续发展议程付诸行动。然而，企业也必须关注问题的另一面，也是经常被忽视的一面：如何使技术本身更具可持续性。这将有助企业响应客户、投资者和员工的需求，同时为人类和地球打造更加光明的未来。在当前转型加速的时代，随着技术日益深入地融入我们的生活和工作，其重要性也将不断提升。

CIO必须从可持续发展的角度重新审视技术。CIO应充分把握这一宝贵机遇，推动形成新的价值来源，并引领企业迈向更加可持续的未来。

本文节选自埃森哲《技术推动可持续：双擎驱动，融合发展》报告。

杜保洛
埃森哲全球技术服务总裁兼首席技术官

彭莱
埃森哲全球可持续发展业务主管兼首席企业责任官

桑杰·波德
埃森哲技术可持续性全球主管

沙拉博·库玛·辛格
埃森哲商业研究院前沿思想研究总监

于雅
埃森哲商业研究院研究经理

业务垂询：accenture.direct.apc@accenture.com

提要: 在日新月异的市场中,能源供应商需要在五大领域采取行动,为客户创造新价值。

新能源消费者

文 姚海峰

能源供应商是能源转型的核心。随着全球加快净零转型的步伐，其战略格局也在发生转变。同时，他们还面临着第二个具有时代意义的变局：数字化转型正在颠覆整个市场，在创造新商业模式的同时，也打破原有模式，重塑了消费者的期望。

能源供应商能否应变于新

埃森哲新能源消费者研究项目始于2010年，现已步入第12个年头。在最新的研究中，通过收集分析来自14个国家、500家能源供应商的观点，我们为能源供应商如何制胜未来勾勒了路径图。

为了保持市场份额，实现基业长青，能源供应商必须不断创新、多元发展，打造世界领先的客户体验。我们的研究显示，74%的能源供应商认为，他们的客户正从大型公用事业企业转向全新的创新型企业。

为了重塑客户体验，能源供应商必须首先厘清客户关系的现状。对于大多数消费者而言，能源供应商几乎没有什么存在感。消费者只期望与能源供应商结成一种传统的交易结算关系，而且一直以来事实也是如此。

而面对消费者不断变化的期望，能源供应商需要大幅提升自身敏捷性和响应力。77%的能源供应商表示，他们的企业组织正在进行转型,未来将变得更为敏捷和数字化,从而降低对大宗能源商品本身的关注度。

然而,对于一个在过去100年里一直受到高度监管、运营相对传统的行业来说,转型并非易事。要重塑更加重视客户和创新的企业文化,任重而道远。此外,在传统能源企业转型期间,敏捷的云原生型初创企业可以凭借其技术优势,快速响应客户需求,赢得那些表现出对现状不满、开始寻求更多选择的消费者。

能源供应商如何重塑客户体验

埃森哲建议能源供应商从使命、产品、平台、员工以及伙伴这五大领域采取行动,抓住各个领域的关键要点,从而有章法地加快重塑客户体验。

一、使命驱动:客户开始关注企业使命

> "25% 的能源供应商表示,他们无法找到一个吸引客户的企业使命或故事,从而改善客户体验。"

随着全球能源转型的推进,消费者更倾向于选购以可持续使命驱动的企业的产品和服务。基于此,能源供应商将大有可为。

能源行业在应对气候变化的挑战中发挥着关键作用。然而,很少有能源供应商会告诉消费者他们在这方面所采取的积极行动。消费者越来越热衷于从对社会产生积极影响的企业购买产品和服务,这为企业宣传提供了宝贵机遇。

对于居民和商业用户而言,关键是将使命故事融入客户体验的各个环节。可采取的方式多种多样,从帮助用户转向清洁技术,到为他们提供智能解决方案提高能效,节约开支,不一而足。

通过聆听客户的真正需求,能源供应商可以超越以往与客户之间纯交易、少互动的关系。他们的目标应该是通过专注企业使命,并建立行之有效的沟通策略,与客户建立更为深厚、共情的伙伴关系。

行动关键要点

企业使命必须真实相关

能源供应商必须能够讲述令人信服的使命故事,让人感觉到切实可行,且息息相关:企业的雄心目标在实践中有何意义?如何实现这些目标?

企业使命符合客户期待

部署数据分析工具,深入了解客户的想法和期待。对居民和商业用户的优先事项有了清晰的认识之后,需相应调整使命战略,建立客户的品牌忠诚度,并形成良性循环。

企业使命深入品牌故事

与客户合作开发新产品、新服务,把握机会,与主要利益相关者产生情感共鸣,共同为社会带来获益。积极与客户建立情感联系,让他们认同企业品牌及其所代表的意义,要勇于在重要领域突出自己所取得的成绩。

二、产品压力:满足客户需求

> "78% 的能源供应商认为,企业如果不能提供更加绿色环保的产品和服务,帮助客户以更负责、高效的方式采购能源,则必将落后于时代;56% 的能源供应商预计居民用户将对激励机制有更高的需求,从而使用更节能的设备,或提升终端能源电气化使用占比。"

客户表示希望使用更环保的能源产品和工具来提高能效。能源供应商应抓住这一重大机遇,弥合需求差距。

居民和工业用户都迫切希望减少碳足迹,推动可持续发展。他们希望接触到更多可再生能源产品,并希望所获取的服务可以帮助其节能增效。

然而，到目前为止，很少有能源供应商能够自如地迎接挑战。例如，只有不到一半的能源供应商表示他们能够有效满足客户对绿色产品和服务的需求。

能源供应商正在竞相推出更多可持续性的产品，从提供可再生能源，到住房改善和电动汽车解决方案。有远见的能源供应商也开始通过应用程序及其他数字产品和服务与客户建立更紧密的互动关系。他们开始安装智能表计，管理客户用能，进行能源审计，以帮助客户确定住宅或商业场所的节能改造。

其中的核心关键是企业要提供简便、易用的产品和服务，让客户可以轻松地做出更明智的能源决策。

行动关键要点

全程陪伴客户的转型之旅

大多数人都明白应对气候变化的必要性，并希望能够贡献自己的一份力量，但他们不知道在日常生活中能够做哪些改进。能源供应商如果能指导客户做出更清洁的能源选择，将赢得客户的信任和忠诚度。

降低参与能源转型的门槛

通过向客户提供基于绿色环保原则的建议、产品和服务，让客户积极地参与到向清洁能源转型的进程中。从采用智能计量等技术到提升能效的建议，客户致力于寻找简单易行的方法来减少自己的碳足迹。

关注商业客户的切实需求

随着企业披露碳排放信息的压力增大，商业客户对投资未来能源解决方案的兴趣不断增加。从电子运输系统到现场发电，能源行业正在开发相应产品和服务以满足这一需求。

三、平台效益: 加速数字化转型

> "42% 的能源供应商当前正在投资数字化渠道以改善客户体验, 35% 的能源供应商正在投资销售和服务分析领域。然而, 也有 64% 的能源供应商表示, 要在盈利和客户体验转型之间取得平衡很有挑战性。"

能源供应商发展成为数字企业是大势所趋, 业务和技术战略缺一不可。因此, 企业需要持续投资创新和新技术。

当前, 越来越多的能源供应商看重面向市场的速度和敏捷性, 超过一半的供应商认为这非常重要。但是, 如果不对新业务计划赖以运行的数字平台进行投资, 无论是在运营还是在客户关系等方面, 能源供应商都将举步维艰。

业务转型的方向明晰。要想获取竞争优势, 能源供应商需要即刻利用分析工具, 确保更深入全面地了解客户。此外, 客户认为各种用户友好型的数字化触点是基本的, 期待能源供应商也能为他们提供在其他行业已经习以为常的无缝体验。

云技术将成为这一转型的核心, 助力能源供应商快速开发新产品和服务, 并根据需要扩大容量和算力。随着能源供应商越来越多地使用物联网、增强现实和虚拟现实等技术, 充分利用云技术将至关重要。

行动关键要点

优先响应客户需求

各大平台让数据分析工具得以发挥作用, 发掘具有可行性的洞察, 快速开发并推出客户当下所需的产品和服务。

加快企业上云之旅

云托管平台提供了更强大的功能和灵活性, 进一步改善客户体验, 以及运营敏捷性和效率。重要的是, 它们为构建数字商业模式提供了安全的环境。

识别新技术用例

人工智能等领域的不断创新可以催生出新产品和服务, 包括当今客户体验的核心——实现高度个性化。在能源供应商的转型之旅中, 这些新技术工具的使用将越来越令人期待。

四、员工力量: 支持人才, 推动变革

> "59% 的能源供应商表示在数字营销和客户体验设计方面存在人才缺口; 54% 的能源供应商表示在人工智能架构和数据科学技能方面存在人才缺口。"

随着能源供应商更加关注净零转型及客户体验数字化所带来的挑战, 他们需要吸纳和保留具备新技能和专业知识的员工。

能源供应商已经认识到应对气候变化挑战和拥抱数字化的必要性, 但需要借助新的技能来实现目标。他们必须通过招聘、再培训及提高现有员工技能等举措来培养新一批人才, 推动企业完成转型。

在实践中, 这意味着在数据科学、客户体验和数字营销等领域弥合技能差距。能源供应商表示, 难以找到推动数字创新的人才是改善客户体验面临的第二大障碍。

面对与其他行业的激烈竞争, 能源供应商要想成功招募和保留人才, 需要更加认真地思考员工最需要的是什么。例如, 能源行业在向净零转型的过程中起着关键作用, 这可能会对员工越来越具有吸引力, 因为他们希望找一份具有积极意义和社会使命明确的工作。采取新的工作方式, 包括提供更灵活的职位角色、关注员工福利和工作场所的多样性, 这也是营造以员工为本的工作环境的关键。

行动关键要点

制定人才战略

能源供应商需要即刻制定人才战略方针，确定他们当前和潜在技能的差距，目标明确地开展人才招聘和保留工作。在提高现有员工的技能和招聘新员工之间做到有的放矢。

重塑员工体验

每个雇主都渴求最优秀的人才。企业唯有为员工提供最具吸引力的条件，才能将其收入麾下。对于能源供应商来说，关键是提出一个围绕可持续发展的清晰愿景。另外，企业还可以拥抱灵活的工作方式，投资多样性，制定职业发展战略等。

紧跟市场步伐

打破传统的孤岛模式，能源供应商将能够通过赋能员工高效协作，以此推动市场当下所需的创新。与其他组织构建伙伴关系也能为培养新能力提供另一条途径。

五、伙伴先机：建立"朋友圈"

> "80% 的能源供应商计划与成熟企业合作，开发全新的以客户为中心的创新；还有 75% 的能源供应商计划收购具有创新前景的初创企业。"

与各类成熟企业和初创公司建立合作将有助于能源供应商加速创新和转型。

能源供应商肩负着从可持续发展到数字化的多重迫切转型重任，许多倡议可以由企业内部的有才之士负责领导。除此之外，如果企业对建立富有成效的伙伴关系持开放态度，将加快转型速度，使其获得新的专业知识和经验。

大多数能源供应商正在布局生态伙伴关系，寻求建立新的联盟。他们将目光锁定在行业内的成熟企业及能够提供新思想、新技术的初创企业和学术机构上。这些合作可以将各个合作伙伴的能力专长

整合在一起，实现更大范围的资源互通，为构建更广泛的数据集提供可能性，推动个性化，并为布局和推出新产品和服务创造机会。

伙伴关系蕴藏着推动创新的巨大潜力。这在可再生能源和电动汽车等新兴市场中尤为重要。每个能源供应商都在努力应对挑战，扩大自身在市场中的规模。当面临能力短缺时，形势将更为严峻，而伙伴关系则可以帮助释放增长潜力。

行动关键要点

新建、收购或借用

没有一个放之四海皆准的合作方式，能源供应商应该选择最适合其企业战略目标的合作模式。有时，这可能意味着与业内成熟企业合作；有时，投资初创企业也许更合适。有些联盟关系的性质是短期的，而有些则应考虑更长远的合作。

发展伙伴关系，缩短产品面市时间

尤其对新兴市场而言，企业可能需要很长时间才能达到一定的发展规模，特别是在将会引起更广泛社会变革的领域。与目标一致的合作伙伴携手，则更有可能通过不断挖掘合作优势，实现共同的既定目标。

数据为王

合作伙伴关系可以帮助能源企业扩大数据覆盖范围（同时遵守所有相关的隐私和安全法规），以便更好地了解客户。能源供应商应该利用这些数据来确定开发新产品和服务的机会，并改进当前的产品和服务。■

姚海峰
埃森哲大中华区资源事业部董事总经理

业务垂询：accenture.direct.apc@accenture.com

提要：利用数字化能力发展C2M业务模式，缩短与消费者的距离，是数字经济时代下企业实现速赢的新赛道。

定制化生产：数字经济时代的制造新业态

文 张逊、骆志群、刘宇轩、周嘉颖

近十年来，在国家重磅政策支持、互联网和新技术的催化下，企业与消费者之间的主导权已经从"工业时代的企业主导"向"数字化时代的消费者主导"转变。但对于企业来说，获客逻辑未发生根本变化，本质还是如何更高效、直接地触达消费者，缩短与消费者的沟通链条。基于此，致力于洞察核心消费者需求实现定制化、个性化的C2M模式（Customer-to-Manufacturer，意指定制化生产，或用户直连制造的生产模式）应运而生。

众多行业的领先实践表明，打造C2M需要在需求端和制造端同时发力，在C端开展DTC（Direct to Customer）、OMO（Online Merge Offline）和单客经营——通过DTC实现低成本获客、资源开发平台搭建通过OMO实现消费者体验升级，从而整合线下体验和线上便利性通过单客经营实现大规模定制。在M端，通过柔性制造、数字孪生等技术升级，一方面将制造商和消费者、供给端和需求端的数据打通，将B端供应链及C端入口之间各级软件系统互联，利用自身积累的数据和技术提高工厂效率；另一方面对生产线进行数字化和智能化改造。并进行管理变革和敏捷组织搭建，以更灵活、更动态的人员组织形态支撑柔性制造的实现（见图一）。

图一 DTC、OMO、单客经营模式

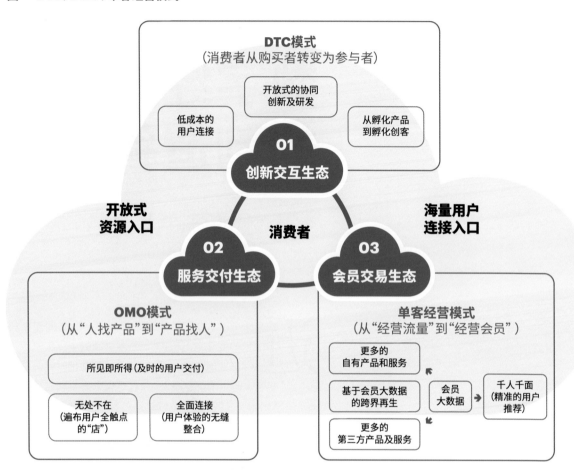

风口上的C2M，想象空间有多大

　　随着C2M对中间渠道环节的弱化或赋能改造，分别代表C和M的需求及供给两端的作用和空间被放大。在需求端，我国仍有规模庞大、尚未开发的消费市场。随着收入和消费水平的不断提高，消费需求个性化、消费品类多样化、消费品质升级也成为未来消费市场的新趋势。初步测算，在下个十年的数字经济时代，定制与去品牌化为C2M带来的潜在市场规模有望达到万亿级别。[1] 在供给端，我国制造业数字化转型仍蕴含着巨大的发展潜力，制造业企业迫切需要借助以C2M为代表的产业互联网的生产制造新模式实现数字化转型，支撑消费者需求的即时满足。

---

1. 艾瑞咨询，《2019年中国制造业产业互联网C2M电商行业研究报告》，http://www.199it.com/archives/886200.html。

C2M模式促进客户价值与企业价值共成长、双提升

大量企业开始意识到C2M模式能够带来巨大价值。在营销端，企业直接接收消费者订单进行生产，能够最大限度满足消费者个性化需求，提升消费者黏性。同时，通过数字化手段，缩短与消费者的距离，实现精准营销。在多样化的市场环境下，C2M模式还可以帮助企业重新定义消费者、渠道商和生产商的角色，构建新的稳固"三角"模式。在制造端，企业接收订单进行生产，一定程度上可以降低因计划不准导致的库存浪费，提高库存周转率。同时，C2M模式可以帮助企业最大限度整合与利用内部资源，实现降本增效。从企业长远发展来看，C2M模式缩短了企业与消费者的距离，有利于企业快速响应市场变化。同时，直面消费者可以帮助企业不断探索新的业务模式，抓住新的发展机遇，实现业务扩张（见图二）。

图二 C2M模式的核心价值

- 满足消费者个性化需求，提升消费者黏性
- 缩短与消费者沟通的距离，实现精准营销
- 帮助企业重新定义消费者、渠道商和生产商角色

营销端　企业业务　制造端

- 按需生产，降低库存，提高库存周转率
- 整合企业生产资源，降低成本

- 助力企业快速响应市场变化
- 助力实现业务扩张

C2M的本质是以精准营销与敏捷交付为核心的业务模式变革

直连个人消费者与生产商，重新定位传统渠道链条中经销商和终端的角色，助力企业直面消费者，引领并管理消费者需求，减少库存和资金挤压，形成消费者与生产商的"双赢"格局。

传统大规模生产模式下，产品通过多级经销商传递到消费者手中，由经销商分解消费者需求与库存压力，企业再根据消费者和市场的反馈，对产品和运营模式做出调整、优化和计划。在此模式下，多数企业存在与消费者沟通渠道过长、被动响应市场需求等问题，严重时甚至会造成供应端产能过剩、产品落后、库存滞销，导致巨大损失。

而在C2M大规模制造模式下，企业一方面直接接收消费者小批量、多品种的个性化订单并进行拆解，根据生产供应能力进行模块化组合，在满足消费者碎片化、个性化需求的同时，能够最大程度整合生产资源，节约交付成本；另一方面，通过收集、分析消费端的需求信息和购买行为，整合消费者需求与市场供求，从而主动推出个性定制产品，有重点地进行物料备货和产能投放，实现产销有效对接（见图三）。

图三 从传统大规模生产模式向C2M定制业务模式转变

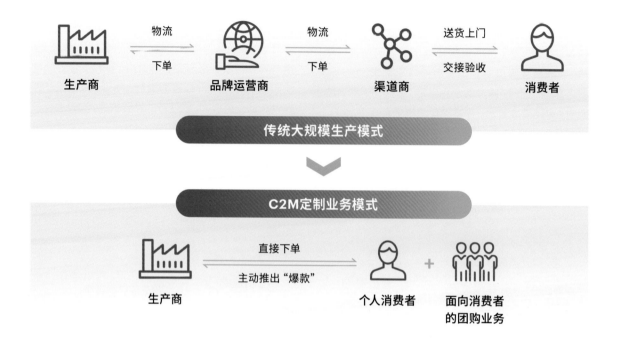

C 以消费者心智为触点

　　C2M模式下,消费者可以通过线上渠道直接向生产商传递个性化需求。同时,企业通过历史订单分析、终端客户访问量、渠道销售数据等进行360度消费者洞察分析,探索消费者需求和市场供求变化趋势,主动推出个性化"爆款"产品,不断夯实直面消费者的能力,转变与消费者沟通的渠道,缩短与消费者的距离。形成从满足消费者需求,到逐步管理和引导消费者需求的蜕变。

2 以模块化分解为核心

　　面对复杂的个性化需求,企业如何高效整合内部资源,快速实现交付,是C2M大规模定制模式的核心。采集海量消费者个性化需求,形成数据库,建立模块化分级分类矩阵。同时,通过业务流程整合、数据库规则映射、订单路由等数字化手段整合生产交付资源,从而以低成本但高质高效的批量生产提供定制产品。

M 以敏捷化交付为基石

　　C2M模式下,对供应链透明化的要求极高,人工智能、机器学习、边缘计算、云计算等领先技术的发展,能够辅助企业实现透明化供应链、敏捷化智能决策。企业通过构建智能工厂、智慧物流、智能交易等数字化场景,拉通端到端数据和决策路径,使线上资源整合成为可能,为实现C2M大规模制造奠定坚实基础。

三步走，实现C2M模式突破

埃森哲建议企业采取"三步走"策略，打破资源瓶颈，发展C2M定制业务模式。

1.勾画C2M定制业务策略

以紧抓消费者心智、整合内部资源、提高柔性交付能力为核心，打造消费者、品牌/产品、渠道、供应链业务策略。消费者端需考虑建立消费者生命周期运营管理体系，构建消费者运营场景；品牌/产品端需基于消费者洞察进行产品规划及业务定位；渠道端需依赖数字化手段打造全渠道管控模式；供应链端需提升敏捷、柔性的履约能力。

2.规划从消费者触达到交付的线上线下场景

结合消费者洞察与核心业务策略，构建C2M模式下从消费者需求的获取、管理到产品的设计、交付，端到端的定制业务全景，并通过梳理场景中的核心动作和业务流程，寻找数字化机会点，以数字化能力拉通线上线下场景，满足消费者需求，逐步掌握消费者心智。

3.完善数字化保障机制

根据分场景的数字化能力需求，升级数字化架构，打造敏态化前台（电商、订单、会员等），微服务中台（营销中台、交易中台、数据中台等）和稳态化后台（APS高级排产排程系统、MES生产制造执行系统、TMS物流管理系统等）的"敏稳双态"架构。

连通消费者个性化需求和大规模制造，不仅需要借助数字化技术，还需要敏捷的组织形式承接，通过建立以产品小组为核心的柔性组织，对外直接对接消费者需求，对内全面协调生产、物流、采供、预算等，整合企业内部资源。

紧扣四大数字化"抓手"，加快发展C2M

营销触点升级，以数据触达消费者。 收集、整合用户需求，并进行人群画像细分，深入了解消费者。标记消费者全生命周期的关键节点，精准采集数据，并通过数据平台细分消费者画像，深入了解不同消费者的不同需求，从而实现自动化精准洞察与营销。

研发设计开源，以模块化整合资源。 消费品企业可以依托众创、众筹平台进行研发开源，沉淀海量研发数据，并通过模块化管理，整合企业内部有限的运营资源。通过机器学习等数字化手段，在自动化处理数据的同时，不断自我学习和迭代资源分配规则，实现自动化分配。

供应链敏捷化，以智能决策快速响应。 在供应链信息化的基础上，依托敏捷组织设计和数字孪生等智能化技术手段，整合供应链资源，缩短决策路径，实现快速响应、快速交付。

数字平台赋能，以中台共享业务能力。 面对个性化需求，应用系统需要更加轻量、低代码化，从而敏捷响应消费者需求变化，并通过微服务化的中台，沉淀和拉通企业核心业务，如会员体系的构建、订单管理、库存数据共享等，奠定C2M稳步发展的基石。

消费趋势的变化和数字技术的发展使企业"直面"消费者成为可能，C2M定制业务模式有望成为企业在新环境下实现速赢的新赛道。埃森哲凭借领先的数字化转型经验，助力企业与消费者高效互动，整合内部运营资源，从而有能力以规模化生产的模式满足个性化需求，借此在"消费者主权"时代下掌握制胜先机。

张逊
埃森哲大中华区战略与咨询董事总经理

骆志群
埃森哲阿里事业部新零售董事总经理

刘宇轩
埃森哲大中华区产品制造事业部总监

周嘉颖
埃森哲大中华区工业X咨询顾问

业务垂询：accenture.direct.apc@accenture.com

元宇宙开启医疗新体验

文 李艳敏、王彪

提要: 元宇宙可以成为医药企业重塑客户体验的"左膀右臂",助力药企在新一轮数字化浪潮中勇立潮头。

近几年元宇宙概念大热，形成了万物皆可元宇宙的繁荣。虽然医疗行业在客户体验相关的数字化创新上有所突破（见图一），但相较于消费品、SaaS等行业，总体仍处于追赶者阶段。元宇宙的到来，无疑给医疗行业带来弯道超车的机会。

传统模式难以"对症下药"

长久以来，药企习惯将医生作为"业务端（B端）"管理，策略制定往往会被商业目标绑架。而随着沟通趋于线上，原先过于直接、强目的性的举措更不利于沟通和转化，使得药企难以真正从客户的需求和体验出发，"对症下药"。

缺乏黏性。与客户的沟通互动往往以事务性、单方向的内容传递为主。不少药企搭建的面向医生的社区或平台都存在活跃用户数量不够、留存不高的问题。用户数字看似增加，而真正有效和活跃的用户响应则一直维持在较低水平。

内容晦涩。与客户沟通互动的内容具有较强专业性，导致在有限的时间和条件下，医生难以充分理解从药企接收到的产品相关专业信息，或是没有意愿阅读这些信息，抑或因未获得定制化内容选择取消关注或卸载App。

客户被动。与客户沟通互动的场景单一。医生在当下应用较多的线上即时或异步通信/会议中，通常表现得较为被动，往往仅限于"一问一答"，且考虑到线上隐私和知识产权保护，这一情况会更加严峻。这种体验难以激发医生的主观能动性、产生深层次的交流以达到期望成效。

图一 药企客户互动触点

社交媒体
- 关注／取消关注
- 下载原文
- 点击菜单

网站
- 游览
- 点击
- 下载
- 主信息

视频
- 浏览
- 点击链接
- 留言

邮件
- 订阅
- 打开
- 点击

客户触点

商展
- 扫描二维码
- 问卷
- 游戏
- 观看演示

网络研讨会
- 注册
- 签到
- 转发
- 重播

会议
- 交流
- 下载资料

研讨会
- 注册
- 签到
- 问卷
- 下载演示文稿

元宇宙重塑客户体验

Meta的本意"元"是指对事物的再拆解或重新定义。对于药企而言，元宇宙的概念可以帮助企业重新定义与客户的互动方式。随着元宇宙技术的发展，空间和时间界限进一步模糊化，客户体验将会比以往更为精准、实时、平等和个性化，也更富有色彩、情感和互动。元宇宙所具备的沉浸感、娱乐性和强互动等特点，再加上与之配套的表达、社区、连接和创造理念，有望巧妙地解决上述难题。

一、游戏化机制，提升用户黏性

游戏被公认为是最贴近元宇宙概念、最先有可能落地的应用场景。我们看到很多企业开始借鉴游戏化机制和技术，并将其运用到面向客户的产品设计和私域社区搭建上。不论是单纯的引入解密探案式的角色扮演还是天梯、成就勋章，或是直接开发更为复杂的具有游戏趣味的服务或工具，这些常见的游戏机制不仅能很好地激发医生的主观能动性，还有利于撬动整个社群，提升群体参与度，为药企在元宇宙背景下创新客户体验管理、建立长期稳定的客户关系提供有益借鉴。

案例研究

Foldit：借助竞赛游戏，提升科研参与度

作为近来大热的合成生物学的一个重要分支，蛋白质科学一直因为其复杂性而使科研参与度较低。华盛顿大学开发了一款蛋白质折叠电子游戏Foldit来解决这一难题。该游戏定期发布蛋白质谜题，以此持续调动游戏中研究者的兴趣。此外，游戏还通过引入竞赛单元和成就系统，实现"众筹科研"和集思广益的"群体智慧"，为蛋白质科研提供了有用的结果和重要参考，这无疑为瞄准联合科研的药企提供了一条可行之路。[1]

Lp(a)病例征集：病例征集游戏化，提升产品认知度

病例分享能促进医生间的交流及领域内的发展；用药心得分享也能提升医生对产品的认知。因此，药企常常举行这类常规营销活动。但大多数情况下，这些分享都是小圈子的"闭门造车"，覆盖面和学术影响力有限，药企推广收益有限。某医药行业平台的营销团队通过设计新颖的探案游戏式病例分享，将心血管相关病例收集的过程故事化和趣味化，从而提升了相关品牌和产品在目标客群中的曝光度和认知度。

二、数字化体验，助力内容升级

内容方面，一直以来困扰药企的难点在于如何用直观、立体或深入浅出的方式，将产品相关的或适应疾病领域相关的内容传递给目标客群。在元宇宙时代，技术、媒介和体验设计的多方面配合有望颠覆药企以往有些严肃的内容传递形式。例如，药企可以考虑借助混合现实技术，为客户打造一个有"现场感"的环境，摆脱场地和设备的约束，让客户可以随时随地开展教与学。知识与娱乐融为一体的互动教学模式能够帮助用户获得更优的学习体验与效果，从而改善过去产品教育内容专业性过强、形式上又以文本为主的种种问题。

案例研究

立体手术器械培训提升学习效果与体验

动手实操是增强医生对手术器械类产品了解最有效的手段。然而面向客户的传统线下培训，不仅成本高昂，而且一次只能针对有限数量的客户。近年来，强生与OSSO VR合作，实现了强生器械培训从平面到立体的升级。客户通过虚拟现实可以在三维空间中操作品牌的医

---

1. https://en.wikipedia.org/wiki/Foldit。

疗设备，并实时与同行和销售沟通协作。逼真的场景仿真和可量化的评估大幅提升了客户对产品原理、操作的学习效果和体验。[2]

借助仿真提升跨科室产品教育

由于医生通常关注与自身专业相关的少数疾病领域，而针对多个并发症系统性疾病的产品教育则要求在跨科室客群中形成对疾病和产品的统一认识，因此医疗企业在这一类产品的培训上遇到了较大困难。成立于2011年的礼来（Eli Lilly）和勃林格殷格翰（Boehringer-Ingelheim）心脏代谢联盟试图解决这一难题。他们联合Psyop游戏工作室开发了CRMsync，用建筑工地的水管类比，具象化地说明并发症的复杂性。不同科室的医生通过在管道搭建任务中回答其他跨科室医生的专业问题，并了解心血管—肾脏—新陈代谢系统之间的关联性，实现了多科室医生对心肾代谢类疾病的整体认知，间接达成了病源的互通共享，从而扩大了心、肾及代谢药物，特别是糖尿病药物的受益患者群体。[3]

如何打造元宇宙客户体验

如果说黏性和内容是医疗行业在元宇宙时代可初步实现的体验升级，那么药企应该如何更好地打造元宇宙中的客户体验？埃森哲认为可以通过以下三种途径激发元宇宙的积极影响。

打造去中心化平台，弱化平台营销属性

基于当前互联网规则，药企搭建的私域往往都以药企为中心、以软营销为目的的平台。当客户面对这些带有极强品牌属性的平台时，难免有所保留甚或排斥。企业如果希望在众多平台中脱颖而出，可以考虑去中心化技术和手段，以实现平台民主。此举一方面能弱化品牌的生硬形象，另一方面也能真正实现平台用户之间的信息共享和协作，从而在未来的客户体验比拼中异军突起。

算力加持，充分助力私域数字化运营

在医疗行业，数字化运营已成为私域标配。私域"元宇宙化"后，平台势必会采集到更多包括个体行为、社会关系在内的海量用户数据。这不仅意味着平台能够还原更加真实的用户画像，也能更精准地满足客户的需求。同时平台也可以使用区块链技术和复杂的加密算法，更好地保护客户隐私和资产。虽然这对企业的数据计算提出了更为苛刻的要求，但随着量子计算机、新一代云计算的演进，我们相信跨越技术门槛指日可待。

打破物理和感官限制，提供沉浸式体验

元宇宙的本质在于社交，通过拓展线上专属功能空间，涵盖更多客户工作生活场景，使其能用自定义的虚拟化身avatar在线上空间冲浪。与此同时，借助低延迟技术，立体媒介带来的沉浸感也能让客户在虚拟和现实世界实现持续无缝的切换。对于药企来说，这可重塑企业与客户、客户与患者、医疗机构等相关方之间的交互，并为药企创造更为自然的客户沟通机会。

在医疗健康行业蓬勃发展的今天，元宇宙与医疗的结合无疑会给行业带来一次史无前例的冲击，这些未知因素都蕴藏着无限可能。埃森哲愿以自身多年的医疗健康行业经验，以及覆盖咨询、技术、互动、运营的端到端能力，与医疗健康药企携手，探索元宇宙新客户体验。

李艳敏
埃森哲大中华区战略与咨询董事总经理、生命科学行业负责人

王彪
埃森哲大中华区战略与咨询顾问

业务垂询：accenture.direct.apc@accenture.com

---

2. 《OSSO VR筹集2700万美元将手术实操转化为视频游戏》，2021年7月1日，https://transformativetech.org/osso-vr-raises-27-million-to-turn-surgery-into-a-video-game-techcrunch-reports/。
3. 《礼来为医生推出视频游戏突出心肾代谢疾病的联系》，2021年11月23日，https://mp.weixin.qq.com/s/IRZHhsvSEW-Jf93skzt5hQ。

关于埃森哲

埃森哲公司注册于爱尔兰，是一家全球领先的专业服务公司，帮助企业、政府和各界组织构建数字化核心能力、优化运营、加速营收增长、提升社会服务水平，更快且更规模化地创造切实价值。埃森哲是《财富》世界500强企业之一，坚持卓越人才和创新引领，目前拥有约73.8万名员工，服务于120多个国家的客户。我们是技术引领变革的全球领军者之一，拥有强大的生态协作网络。凭借深厚的技术专长和行业经验、独特的专业技能，以及翘楚全球的卓越技术中心和智能运营中心，我们独树一帜地为客户提供战略&咨询、技术服务、智能运营、工业X和Accenture Song等全方位服务和解决方案，为客户创造切实价值。埃森哲致力于通过卓越的服务能力、共享成功的文化，以及为客户创造360°价值的使命，帮助客户获得成功并建立长久信任。埃森哲同样以360°价值衡量自身，为我们的客户、员工、股东、合作伙伴与整个社会创造美好未来。

埃森哲在中国市场开展业务36年，拥有一支约2万人的员工队伍，分布于多个城市，包括北京、上海、大连、成都、广州、深圳、杭州、香港和台北等。作为可信赖的数字化转型卓越伙伴，我们正在更创新地参与商业和技术生态圈的建设，帮助中国企业和政府把握数字化力量，通过制定战略、优化流程、集成系统、部署云计算等实现转型，提升全球竞争力，从而立足中国、赢在全球。

详细信息，敬请访问埃森哲公司主页accenture.com以及埃森哲大中华区主页accenture.cn。

埃森哲在大中华区九个城市设有多家分公司以下是主要办公室的联系方式：

埃森哲（上海）
上海市淮海中路381号
中环广场30层
邮编：200020
电话：(8621) 2305 3333
传真：(8621) 6386 9922

埃森哲（大连）
大连市软件园东路44号
邮编：116023
电话：(86411) 8214 7800
传真：(86411) 8498 3100

埃森哲（成都）
成都高新区天府大道中段1366号
天府软件园E5,9-10层
邮编：610041
电话：(8628) 6555 5000
传真：(8628) 6555 5288

埃森哲（杭州）
杭州市滨江区西兴街道阡陌路
459号B楼1301-1304室
邮编：310051
电话：(86571) 2883 4534

埃森哲（台北）
台北市敦化南路2段207号
远东大厦16层
电话：(8862) 8722 0151
传真：(8862) 8722 0152

埃森哲（北京）
北京市朝阳区东三环中路1号
环球金融中心西楼21层
邮编：100020
电话：(8610) 8595 8700
传真：(8610) 6563 0739

埃森哲（广州）
广州天河区天河北路898号
信源大厦13-14层
邮编：510898
电话：(8620) 3818 3333

埃森哲（深圳）
深圳市福田区华富路1018号
中航中心15楼06B-08
邮编：518031
电话：(86755) 8270 5268

埃森哲（香港）
香港鲗鱼涌华兰路18号太古坊港岛东中心2楼
电话：(852) 2249 2100/2388
传真：(852) 2489 0830